Latina Icons:

Iconos Femeninos Latinos e Hispanoamericanos

Edited by

María Claudia André

La Mujer Latina Series

Floricanto Press

ISBN: 978-0-915745-85-2
Floricanto Press
650 Castro Street, Suite 120-331
Mountain View, California 94041-2055
www.floricantopress.com

La Mujer Latina Series

Latina Icons:

Iconos Femeninos

Índice

Introducción
María Claudia André - 7

Malinche: Ser mujer, ser valiente y ser indígena, razones para un icono
Gladys Ilarregui - 17

El mito de María Félix como representación de la imagen femenina contestataria del México del siglo XX: ¿Evolución o anclaje político?
Rubén Sandoval - 36

De la construcción cultural de los iconos religiosos y Sor Juana Inés de la Cruz
María Auxiliadora Álvarez - 51

Religión, mito e identidad nacional en Venezuela: El caso de María Lionza
Edith Dimo - 69

Yemayá, madre y protectora del pueblo brasileño
Eva Bueno - 87

Frida Kahlo y Evita Perón: Iconos latinoamericanos *for export*
María Claudia André - 100

Selena: Dos interpretaciones cinematográficas complementarias
Viviana Rangil - 126

Las tramas de un mito: Carmen Miranda: Chica, chica boom, chic...chica banana
Zulema Moret - 142

Las mujeres en el tango: Malena como figura icónica
Graciela Michelotti - 165

Introducción

Esta colección de ensayos explora los procesos de representación y de iconización de algunas de las figuras femeninas más prominentes de América Latina. En ella se intenta definir qué significado tienen estas figuras dentro del contexto popular y determinar cuál es la función que desempeñan en la construcción de una identidad colectiva e individual. Los ensayos aquí incluidos presentan un revelador panorama sobre las múltiples articulaciones entre lo religioso, lo político y lo popular que nos permite vislumbrar no sólo la compleja red discursiva que circula a través de los diversos medios de producción cultural, sino también establecer el nivel de participación e influencia que ejercen de los organismos institucionales en la construcción de símbolos, imágenes y tradiciones culturales.

Cada uno de los trabajos reunidos en este texto surge de la motivación de desmantelar nociones dogmáticas de subjetividad y de identidad, y de la necesidad de desarrollar, desde una perspectiva crítica, un puntual cuestionamiento de los mecanismos de representación emplazados para mantener los sistemas de subordinación femeninos que preservan el *status quo.* Con ello se intenta analizar las articulaciones existentes entre la cultura popular y la cultura de elites, así como también los factores históricos, políticos y económicos que afectan directamente los procesos identitarios, las construcciones genéricas y los espacios de participación social.

La cultura, por ser un factor determinante que forma las vidas de los individuos y su sentido de identidad, ha pasado a ser uno de los instrumentos ideológicos fundamentales, por cuanto provee un marco conceptual que permite interpretar y gradualmente, incorporar las identidades colectivas e individuales a la agenda política de las instituciones hegemónicas. Sin embargo, mientras que algunas de estas identidades se encuentran reguladas por un sinnúmero de representaciones, símbolos y códigos culturales producto del entorno local; otras son el resultado de fenómenos socio-económicos externos –como por ejemplo, el neo-liberalismo, la globalización y los medios masivos de comunicación– implantados sobre los principios del capitalismo multinacional.

Durante los últimos diez años, los estudios coloniales y post-coloniales, y más recientemente, los estudios culturales enfocados en América Latina han definido que aún a pesar del gran impacto de la globalización, las sociedades latinoamericanas han logrado resistir la polución cultural y preserver sus particularidades étnicas y regionales, gracias a la propia ambigüedad y multiplicidad de sus identidades, tanto sociales como políticas. Tal como explica Norma Alarcón, la hibridez ha sido parte continuum histórico, por cuanto "vivimos en tiempos incompletos y mixtos de pre-modernidad, modernidad y postmodernidad, cada uno de estos relacionados históricamente con sus correspondientes culturas, las cuales fueron o son epicentros de poder. Nuestra identidad es ambigua, múltiple y metamórfica".[1] En este proceso de diferenciación y de identificación con otros modelos culturales, los símbolos, la iconografía y las tradiciones populares cumplen un papel preponderante puesto que, por un lado, legitiman y formulan una identidad nacional, y por otro, borran las fronteras de clase integrando subjetividades y categorizaciones sociales. Según evalúa Rubén Dri, los mitos son concepciones totalizantes. "Mediante ellos los pueblos encuentran su ubicación en la historia y en el mundo. Su raíz fundante no es el intelecto o la razón, sino toda la vivencia del ser humano. Esta vivencia o fe busca su expresión en narraciones que se refieren a acontecimientos que tuvieron lugar allá lejos, es decir, en el origen del mundo y del tiempo".[2]

La articulación de la memoria es, sin duda, un principio primordial en la constitución de una identidad individual y colectiva. Sin embargo, la memoria de un pueblo no es uniforme, sino que se constituye a través de diferentes proyectos en los cuales se combina una memoria oficial, por parte de los sectores dominantes, y una memoria fraccionada que pertenece a los sectores dominados. Como resultante, la memoria popular se encuentra minada por una serie de referentes y sistemas políticamente condicionados que obedecen a una serie de parámetros culturales preestablecidos. En esta dinámica discursiva, los símbolos e iconos populares, al igual que la tradición oral, son componentes básicos en la construcción de una memoria social, dado que, tal como indica Dri, el símbolo precede al sujeto dentro del imaginario cultural. El sujeto se proyecta en el símbolo, dice Dri: "No se puede ser sujeto sin proyectarse en símbolos; en este sentido, son fundamentales para constitución del sujeto, quien es esencialmente simbólico. Ahora bien, el sujeto se desdobla en el símbolo, se ve a sí mismo en éste".[3]

A nivel social, existe una actitud hacia el sujeto simbólico, éste debe educar por medio del ejemplo, concientizar, servir de modelo. Debe satisfacer las necesidades emocionales o espirituales del individuo, además de promover el desarrollo de una identidad social. Los iconos populares encarnan valores, ideales; se erigen como símbolos de resistencia a los modelos socio-políticos imperantes y dan sentido al presente histórico. Para Nicola Miller, los iconos no sólo son para ser adorados, sino también sirven como consuelo. Son representaciones de lo divino dentro de un contexto mundano que reconfortan al individuo al entrar en contacto personal con la imagen venerada. "Uno tiende a ver siempre el mismo retrato –en una pose convencional– de una figura icónica. Un icono no es un símbolo pasivo, sino que encarna en sí mismo una fuente de poder para transformar a las personas".[4] En términos lacanianos, podría decirse que el icono sirve a su vez, como una fuente inexaustible de deseo del sujeto, cumpliendo un papel fundamental en la formación de la subjetividad. Tal como indica Jacques Lacan, la formación de la identidad, de la subjetividad y del deseo se encuentran íntimamente relacionados. El deseo, según Lacan, se halla dirigido hacia aquellas representaciones ideales que por siempre se mantienen fuera del alcance del sujeto, y el objeto deseado no satisface más que la contínua búsqueda del complemento perdido. Tanto la figura icónica religiosa como la encarnada en una persona real se manifiestan como significantes de un Otro deseado que completa la identidad del sujeto, y dentro del orden de lo simbólico, lo trasciende y orquestra su propia historia. La subjetividad, según entiende Lacan, se basa en el principio de la diferencia y se adquiere mediante la interrelación con el Otro o entre "yo" y el "tú".[5]

Dada la amplia gama de referentes genéricos, étnicos y sociales que la constituyen, la iconografía femenina, resulta de particular interés para el estudio de la hermenéutica de los símbolos, puesto que su carácter polisémico –como madre/esposa abnegada (Virgen María) o como seductora/pecadora (Eva)– expande el imaginario cultural, convalidando las voces de los segmentos más marginados; y deconstruye a la vez, los modelos genéricos arquetípicos que perpetúan la constante mistificación entre lo masculino y lo femenino. Tal como examina Viviana Plotnik, la mujer, como figura bipolar es calificada semánticamente de manera contradictoria: "Puede implicar, como cuerpo materno desplazado y objeto de deseo, la posibilidad de fusión y de unidad, pero también puede ser un signo de separación, división y frustración de aquella posibilidad"(15).[6] Ya desde de las primeras crónicas de la conquista, el cuerpo femenino pasa a ser un tropo múltiple que se revela al mandato masculino para transformarse en un espacio del deseo y de la imaginación. A partir de entonces, la negociación de los espacios culturales, genéricos y sociales en relación con la expresión del ser nacional conducen a la creación de una serie de mitos fundacionales entre los cuales se destaca el de La Malinche, la amante y confidente de Cortés.

En "Malinche: ser mujer, ser valiente y ser indígena, razones para un icono", Gladys Ilarregui se basa en la literatura de códices del siglo XVI, así como los libros críticos interpretativos de historia e historia cultural desde donde analiza la vasta producción que ha tomado el tema de Malinche dentro de la literatura mexicana. Su trabajo pretende procurar un acercamiento crítico más vasto e interpretativo de las diversas interpretaciones de esta figura, a través del reciente trabajo de Fernanda Núñez Becerra, "La Malinche: de la historia la mito" (2002). Desde la incursión de Marina en la historia de Prescott (siglo XIX) hasta, los retratos indigenistas y nacionalistas que la posicionan a uno y otro lado del espectro de la Conquista, pasando por Georges Baudot y su despunte en el discurso colonial, el estudio de Ilarregui examina la figura icónica de la Malinche procurando suprimir el conjunto de consideraciones históricas y políticas que hasta el momento se han tomado en cuenta. Partiendo de esta premisa, se trata de establecer la figura de Malinche dentro de los problemas de raza, bilingüismo y heroísmo femenino, aspectos que hasta ahora han sido superficialmente leídos, o que han quedado engarzados dentro de módulos culturales mexicanos, que la proponen como víctima o como déspota.

Esta percepción de la ambiguedad femenina se perpetúa hasta nuestro tiempo. En "El mito de María Félix como representación de la imagen femenina contestataria del México del siglo XX: ¿Evolución o anclaje político?", Rubén Sandoval examina la paradoja esencial de ser una mujer en una sociedad patriarcal, y de cómo, a través de la construcción de una identidad contestataria, es factible subvertir y deconstruir los sistemas de dominación hegemónicos. Sandoval explora los avatares de una generación de mujeres que fueron representativas de la nueva imagen de México, en el sentido de una figura clave, la cual habría de convertirse, posteriormente, en el prototipo de una mujer diferente del México contemporáneo. La imagen de María Félix corresponde a una de las primeras mujeres del siglo XX en el mundo que fueron transformando su propio símbolo para crear uno nuevo, pasando de la imagen de la mujer resignada al de la mujer cuya capacidad de conversión, la acerca a la liberación de su llamado "destino". Es el cambio de la mujer y de la erección de este nuevo símbolo a la búsqueda de la reivindicación y de su desafío en favor de las mujeres mexicanas. Sandoval además se enfoca en la influencia de la imagen de María Félix en la actualidad, como representación de una figura metafórica que buscó transformarse, como lo hizo el país después de la Revolución. Es preciso valorar esta imagen femenina dentro del contexto de una nación en cambio constante, sin aislar la mentalidad de un país considerado subdesarrollado. Y es allí en donde la presencia de María Félix tiene ingerencia en la mentalidad de las denominadas "mujeres típicamente mexicanas".

Como se ha indicado, mientras que algunos iconos presentan a la mujer con características masculinas para demostrar su capacidad de lucha y su fuerza interior, otros acentúan los valores femeninos con el fin de construir un imaginario propio, distinto del masculino, desde el cual es posible renegociar espacios y modificar la agenda patriarcal según sus propios términos.

Los arquetipos femeninos fundamentados en la religión o en algún tipo de culto, ofrecen una perspectiva singular para analizar las complejidades del discurso simbólico, porque, dado su carácter polisémico, sus identidades pueden adaptarse a la interpretación y a las necesidades de un amplio grupo de devotos y creyentes.

María Auxiliadora Álvarez presenta en "De la construcción cultural de los iconos religiosos y Sor Juana Inés de la Cruz", un análisis sobre la imagen de Sor Juana y sus innumerables representaciones y roles en el imaginario colectivo. Como *rara avis* en la historia de la colonia, su espíritu fuerte y trasgresor la ha convertido en una especie de amuleto camaleónico, adecuado sistemáticamente a las cambiantes necesidades de los discursos de identidad. A través del estudio de sus obras, algunos eruditos relacionan intelectualmente a Sor Juana con la poesía barroca del Nuevo Mundo, el ansia de conocimiento científico y/o la agencia femenina en el siglo XVII. Sin embargo, tal como examina Álvarez en su trabajo, en el ámbito del conocimiento popular, la imagen prevaleciente de Sor Juana es la religiosa. Con el transcurrir del tiempo, su rostro, analogado al rostro de Santa Teresa de Jesús y otras santas de la época, ha circulado como icono religioso en pinturas, estampas, estampillas, monedas y medallas. A despecho de las declaraciones de Sor Juana Inés de la Cruz en su *Respuesta a Sor Filotea de la Cruz* (1690), donde explica su ingreso al convento por razones ajenas a la piedad y se autodefine como "peor que un pagano", el atavío del hábito y la toca monjil, agregado a la "pose" monárquica en sus retratos más famosos, ha contribuido quizá a construir la idea popular de la supuesta santidad de Sor Juana. Para Álvarez, la desvirtuación popular del aporte intelectual de Sor Juana se tradujo en imposición cultural, y convirtió a la monja en figura alegórica de la mística colonial, impidiendo un mejor conocimiento de otras escritoras realmente místicas del siglo XVII en el Nuevo Mundo (como la Madre Castillo de Colombia), e invalidando la subversión religiosa de Sor Juana Inés de la Cruz a favor de su intelecto.

Uno de los fenómenos culturales de mayor relevancia dentro del imaginario popular es la relación que existe entre la creación de un mito y la identidad de un pueblo. Esta relación, según estudia Edith Dimo en la "Religión, mito e identidad nacional en Venezuela: El caso de María Lionza", crea una conciencia de identificación basada en los intereses comunes que tiende a resolver, de algún modo, los conflictos y paradigmas existentes de una sociedad. Partiendo de un punto de vista femenino y socio-antropológico, Dimo establece que el culto a María Lionza se sostiene en base a la posesión, tanto desde los rituales de la adivinación, curanderismo y poderes sobrenaturales, como desde la perspectiva de la deidad femenina (simbología, erotismo y maternidad). En Venezuela, el culto a María Lionza trasciende la expresión cultural, cobrando expresión política marcada por el populismo. Su figura es no sólo la de una princesa india, sino también la de la protectora del pueblo, de los marginados y de los desposeídos. Dentro del imaginario colectivo, María Lionza es ya parte de la historiografía venezolana, es la magia religiosa de un pueblo que se apoya en los beneficios sociales y espirituales como necesidad cotidiana. Tal como expone Dimo en su ensayo, figuras icónicas como la de María Lionza dan sentido a las experiencias de la vida cotidiana y sirven para reconciliar lo local con lo universal, al erigirse como representantes de su gente y de su cultura tanto dentro como fuera de los paises a los que pertenecen.

Eva Bueno, al igual que Dimo, nos aproxima en "Yemanjá, protectora y madre", una interpretación sobre otro fenómeno religioso femenino que forma parte del devocionario popular. Bueno se enfoca en el estudio del culto a Yemanjá, una de las figuras más importantes del panteón de Orishás en el Candomblé, la religión brasileña, producto de la unión de varias religiones traídas a Brasil por los esclavos africanos. Así como otros Orishás, Yemanjá tiene sus propios colores —azul y blanco—sus propios rituales, y sus propios "filhos" y "filhas" de santo, personas que se dedican a su culto y "reciben" el Orishá en sus cuerpos durante las ceremonias. El día especial de Yemanjá es el 2 de febrero, fecha en que los devotos amanecen en las playas o en los ríos para celebrar en su honor, haciendo ofrendas de pequeños barcos con flores y velas. Es en este día en que Yemanjá asciende a estatus de icono de gran trascendencia, no sólo para los que son participantes asiduos de la religión, sino también para aquellos quienes se identifican con sus símbolos más conocidos. Representando la figura de la madre –imagen que durante la esclavitud era venerada con el nombre de Nuestra Señora– Yemanjá atrae a millones de personas en todo el Brasil. Durante el año, sus adeptos usan sus colores y llevan pequeños objetos relacionados con ella, con su imagen y su figura, artículos que funcionan como amuletos para protección personal. En este ensayo, Bueno efectúa un análisis del desarrollo histórico de la figura icónica de Yemanjá, sus múltiples manifestaciones y las celebraciones en su honor en Brasil, así como la conexión de este fenómeno con los cultos africano-brasileños populares que, en los últimos años, han ganado adeptos tanto en los Estados Unidos como en Europa.

Todo entrecruzamiento de culturas trae, consecuentemente, un entrecruzamiento de símbolos. Cada pueblo, cada etnia, cada grupo que se construye como sujeto, se apropia de los símbolos de otras culturas con las que se relaciona, y los transforma, los resignifica, los reinterpreta conforme a su cosmovisión socio-cultural. En ese complejo proceso de transculturación, los símbolos ajenos pasan a integrar parte del imaginario propio. Al examinar códigos y sistemas de representación culturales, críticos como Jean Baudrillard y Stuart Hall han esclarecido el nivel en cual la identidad individual y nacional se encuentran condicionadas por una serie de factores transculturales producto del consumerismo y los medios masivos de comunicación. En su estudio sobre la influencia de la cultura mediática y la construcción iconográfica, María Claudia André examina la representación, la comercialización y la canibalización de dos pilares fundamentales en el panteón de iconos femeninos latinoamericanos, Frida Kahlo y Evita Perón. Basándose en las teorías postmodernas sobre la sociedad de consumo y la representación, André explora las implicaciones y procesos por los cuales las imágenes de estas notables mujeres se han transformado en objetos comercializables aún a pesar de su discurso anti-imperialista y de su activa militancia dentro de los segmentos populares y de izquierda de sus respectivos países. Su trabajo explora como estos iconos se han convertido en objeto de consumo a través de los cuales se convalidan las concepciones y los valores culturales que circulan entre los productores y los consumidores de cultura popular. Su análisis se enfoca además, en las formas en las cuales estas personalidades, a través de la constante reproducción de su imagen, de su vestimenta, de su lenguaje corporal y de su hábil manejo de los medios, buscaron construir un ideal de ellas mismas que, paradójicamente, se ajusta a muchas de las prácticas y teorías de consumo que han hecho iconos de ellas.

La identidad, tal como se analiza estos ensayos, es un concepto complejo y problemático que envuelve tanto a la comunidad como al individuo: complejo porque existe un número indefinido de variables que interviene en su constitución, y problemático porque puede resultar a la vez esencializante y liberador. En "Selena: Dos interpretaciones cinematográficas complementarias", Vivian Rangil explora la constitución de una identidad colectiva a través de la representación cinematográfica de la cantante tejana-mejicana Selena, según se la interpreta en *Selena* (1997) de Gregory Nava y *Corpus: A Home Movie for Selena* [Corpus: Una película doméstica para Selena] (1998) de Lourdes Portillo. Rangil examina el papel que desempeña la industria cultural hispana en la construcción y definición de la identidad latina y cómo esta identidad se ajusta, a la vez, a los modelos culturales y a los intereses político-económicos norteamericanos. Su estudio explora, a la vez, las relaciones entre cultura, economía y política determinando cómo las reprepresentaciones visuales y comerciales de grupos minoritarios no sólo influyen en la formación de la identidad cultural, sino que además afectan sus nociones de pertenencia y de auto-representación dentro de la arena pública. En este contexto, Rangil analiza las relaciones entre ciudadanía y consumo, determinando cuáles son las estructuras sobre las que se conforma la identidad latina y cómo se constituye la memoria, la identidad y la cultura de un grupo minoritario.

De manera semejante, el ensayo de Zulema Moret "De/construyendo el mito latino: Carmen Miranda en *Banana Is My Business* y *Las últimas noches de Carmen Miranda*", se enfoca en dos películas recientes para analizar la construcción discurso cinematográfico en relación con cuestiones de identidad, género y representación del cuerpo femenino. Tomando como ejemplo la película dirigida por Helen Solberg *Banana Is My Business* (1994) y el libro de la autora chilena Lucía Guerra, *Las últimas noches de Carmen Miranda* (2002), Moret explora cómo el mito de Carmen Miranda se inscribe en la historia de América como prolongación de un constructo territorio/cuerpo femenino, enlazando con la idea de continente, de cultura y de raza. América es la tierra de lo exótico, no sólo las frutas, la naturaleza que impone su diversidad salvaje, sino que es el mito de la exoticidad de sus mujeres, mito construido y alimentado durante siglos desde la Conquista. Singularmente habita en la comunidad que mira hacia América Latina este concepto de "otredad" como algo "salvaje"', "infantil", pero al mismo tiempo "indomable". En cada una de esas intersecciones a su vez rizomáticamente el *constructo* Miranda se despliega en diversas direcciones: lo sagrado/religioso instaurado desde el discurso materno; el discurso profano en la prostituta que ella mira pasar, símbolo de feminidad y sensualidad, por las calles prohibidas de la infancia; el histórico/ trasatlántico fundado en el intersticio de la historia local desde la mirada construida por conquistadores y descubridores siglos atrás; y, desde lo global/local, en la mirada norteamericana que en su afán de construir la latinidad como "otredad" para ellos mismos y *for export*. En su conclusión, el ensayo de Moret analiza el *constructo* de Miranda como representante de su país y como signo que a su vez se envuelve en nuevas significaciones, que carnavalescamente, como parodia, llegan a convertir a la "star" en símbolo de lo *camp*, *y lo queer*, en las últimas décadas.

El icono en sí mismo carece de identidad personal, tiene una identidad ficticia que le es otorgada y que se fundamenta conforme a las necesidades, las expectativas y las percepciones del imaginario popular. Graciela Michelotti en "Las mujeres en el tango. Malena como figura icónica", examina una de las tantas instancias en las que la construcción iconográfica femenina supera lo visual o lo real, configurando, como en el caso del tango *Malena*, el cual se basa en el mito de una mujer fatal de gran influencia en la identidad masculina. En su trabajo, Michelotti explora el papel de la mujer en el contenido y la interpretación de la música porteña por excelencia. ¿Puede Malena, la que "canta el tango como ninguna", según la letra del famoso tango homónimo, reemplazar a Carlos Gardel "que cada día canta mejor" como figura icónica? Desde sus orígenes el tango habla de ausencias. La nostalgia del inmigrante por el recuerdo de un espacio mítico perdido y añorado se representa en el tango en múltiples referencias a la ausencia de la mujer deseada, sea esta la amante engañosa, la mujer bella que está en camino de perder su juventud o la madre ausente o abandonada, inunda sus letras. ¿Cómo se sitúa la mujer que escucha o interpreta el tango dentro de este contexto? ¿Qué significa que una mujer interprete, desde la danza o el canto, estas ausencias? ¿De qué recursos se vale una mujer para convertirse en agente de poder en un contexto dominado por la voz del hombre? Sobre la base de esta serie de cuestionamientos, Michelotti, evalúa la representación de la mujer y su presencia en las esferas del tango para determinar la relación entre mito, mujer e identidad.

Según se determina en esta colección de ensayos, las costumbres, las tradiciones y los rituales son una fuente inagotable de imaginería y de expresión artística, y sirven de amalgama cultural para cerrar la brecha entre las políticas radicales y las prácticas culturales comunitarias. Hoy en día, la construcción, difusión y consumo de figuras iconográficas es, sin duda, uno de los tantos fenómenos culturales –y comerciales– del siglo XX. Desde almanaques, altares, estampas religiosas, posters, carteles, llaveros, camisetas, entre otros cientos objetos de consumo popular, los iconos en sus múltiples representaciones modelan, a partir del ejemplo, cómo romper con los convencionalismos, los estereotipos y las restricciones sociales; ponen en contacto lo humano con lo divino y se erigen como patente manifestación de la fe, de la identidad de una cultura y de las necesidades de un pueblo.

A título de conclusión quisiera mencionar que este libro no intenta ser del todo abarcador puesto que existen una gran cantidad de figuras femeninas icónicas en América Latina que, por razones de espacio, no hemos podido aquí incluir. Me refiero, por ejemplo, a uno de los iconos por excelencia como la Virgen de Guadalupe, así como a otras figuras igualmente relevantes entre las cuales podemos mencionar a La Llorona, la Difunta Correa, la Pacha Mama, la soldadera encarnada en Adelita; Gabriela Mistral, Xica da Silva, la Celia Cruz, Xuxa, entre otras. Estas y otras mujeres tanto del ámbito religioso-espiritual como del ámbito público o del entretenimiento nos dan la pauta de que el sujeto femenino, a pesar de su constante relegación a los espacios secundarios o alternativos son, sin duda, necesarios agentes revolucionarios que sirven de ejemplo a todos aquellos quienes en su devoción, aspiran a una vida y a un mundo mejor.

Notas

[1] Néstor García Canclini, *Consumers and Citizens: Globalization and Multicultural Conflicts* (Minneapolis: University of Minnesota Press, 2001): 55.

[2] Rubén Dri, ed. *Símbolos y fetiches religiosos* (Buenos Aires: Editorial Biblos, 2003): 16.

[3] Ibid 19.

[4] Nicola Miller, "Contesting the Cleric: The Intellectual as Icon in Modern Spanish America" (*Contemporary Latin American Cultural Studies*, 64).

[5] Consultar de Madan Sarup, *An Introductory Guide to Post-Structuralism and Postmodernism* (Athens, GA: The University of Georgia Press [1988] 1993): 23-24.

[6] Viviana Plotnik, *Cuerpo femenino, duelo y nación: Eva Perón como personaje literario* (Buenos Aires: Ed. Corregidor, 2003).

Malinche: ser mujer, ser valiente y ser indígena, razones para un icono.

Gladys Ilarregui,
Universidad de Delaware

El objetivo de este trabajo parece en sí mismo una suerte de reproducción de la construcción del tiempo azteca, porque si bien la propuesta es tratar a Malinche desde los ángulos que ocupara entre los siglos XVI a XXI, la persistencia de las prácticas míticas latinoamericanas en cuanto a los héroes o antihéroes de la historia resisten una mirada objetiva, y como en un círculo perfecto nos llevan al problema más hondo: Malinche no ha dejado documentos escritos para reflejarse a sí misma en el contexto del drama histórico que le tocó vivir. Por lo tanto, los diferentes autores coloniales o contemporáneos en la literatura y en la historia parecen posicionarla siempre dentro de esas circularidades que la repiten y parcialmente la renuevan, sin despejar los interrogantes que hubiera resuelto su propia escritura. Por contrapartida, el surgimiento del discurso etnográfico por autoras indígenas en el siglo XX, en co-autoría con antropólogas, o por vía directa de testimonio, ha permitido otra dimensión que incluso va más allá de la categoría del feminismo, para insertar a la mujer y su etnia dentro del conjunto de fenómenos subalternos en Latinoamérica. La comunidad y la identidad jugaron un papel crucial en esas revelaciones de las que surgió un Premio Nobel, Rigoberta Menchú-Tum, y con la que se abrieron canales de análisis marginales a los contextos centralizados del poder discursivo. Este trabajo entonces, intenta reflejar un collage de la controversia disciplinaria abierta por Malinche, y como todo collage superpone algunos pareceres, los incrusta en los tiempos en que surgieron, pero no pretende cubrir la gama totalizadora de la obra producida a partir de la iconicidad "Malinche", en el campo de la cultura de nuestros días.

Sabemos que, sólo a mencionar Malinche promueve una serie de imágenes divulgadas digitalmente por internet desde esos textos clásicos a donde está iconográfiamente representada, con su huipil de 1524 (nunca llevó otra vestimenta, y los artistas plásticos la prefieren desnuda) hasta estos días donde sigue presente e importada: "fronteriza", para utilizar el término adecuado, tras el abandono de sus diferentes residencias indígenas y colonizadas, transportada ahora en Estados Unidos a la literatura y las luchas de las mexicanas inmigrantes. La intérprete por excelencia del drama colonial ha pasado al inglés, al francés, al alemán, a los diferentes idiomas de la modernidad que la recogen en la multiplicidad de roles que cumplió, utilizando su ejemplo en forma interdisciplinaria desde los collares hasta los tejidos, tejidos en fibra y en texto.

Escenarios y talleres de teatro, películas, páginas y páginas (los guiones o los estilos literarios) la recogen para dejar un testimonio innovador de su pasar por ese momento histórico mesoamericano, momento clave para la Europa del siglo XVI.

Dado que la representación colonial de Malinche se produjo por manos europeas y con una mentalidad masculina tal vez, deberíamos comenzar por la tarde lluviosa del verano del 2004, tarde casi invernal entrando al Lyric Theatre Hammersmith en Londres. En una sala repleta de público Astrid Hadad y "Los Tarzanes" (un reducido conjunto de músicos) proponen una versión alternativa de las cuestiones mexicanas por excelencia. No sólo porque es una mexicana deconstructora de algunos de los costumbrismos más arraigados en la identidad de su país: el tequila, el machismo, el nacionalismo a ultranza, sino porque pone en escena con gran comicidad y a través de la música de rancheras, las contradicciones inherentes a esas formulaciones. Queda claro, con su vestido de corazones o su vestido de bombillas eléctricas, que las mujeres pasan de los peligros del amor a los de la violencia, de la lucidez a la locura. Y es precisamente en esa transición lo que hace difícil reformular la historia de las mujeres, y sobre todo de las mujeres-ícono, como lo viene demostrando el revisionismo de Malinche pues como se ha dicho, Malinche –como las santas y las vírgenes– ocupa un espacio en el imaginario colectivo, pero no tiene –ella, la intérprete– una manera de salvar el puente desde su época a la nuestra. Entonces el frenesí de Hadad en el escenario, resulta un discurso renovador, frente al silencio que hubiera sido absoluto, si a Malinche no la hubiera rescatado Bernal Díaz del Castillo.

Wayne C. Steely, en su trabajo titulado "Una lengua para quejarse: la libertad de expresión y los documentos coloniales mexicanos" dice:

> Durante los primeros 400 años poscortesianos, y más, la voz española, mejor dicho las voces españolas, son casi las únicas que se oyen como componentes del discurso colonial. Muy particularmente en la clases de historia, lengua y literatura españolas, la narrativa de esta época crucial para la historia humana universal se contaba estrictamente a base de observaciones castellanas. La historia de la conquista y colonización de América pues, se percibía mayormente con términos épico heroicos, por el hecho de que quienes más se oían y leían eran los conquistadores

y sus cronistas. De México, en particular, surgieron las varias versiones de la epopeya de Cortés y su hueste minúscula que, en un arrobo entre quijotesco y suicida, se arremete contra el magnífico Tenochitlán y los valientes mexicas, logrando a fuerza de su astucia, suerte y valentía inauditas apoderarse, por España y por Dios, de este maravilloso reino mágico (3).

El epistolario de Cortés, comenzado el 16 de Julio de 1519, es un documento muy interesante para analizar su personalidad. Un hombre rico en detalles, cuya prosa parece dibujar las situaciones de tensión, combate y avance con el mayor detalle para el rey español, inserta a Malinche en unas pocas líneas sin darle la menor importancia dentro del contexto bélico. Es casi extraordinario pensar el romanticismo con el que se lo ha vinculado a Malinche en gran parte de la producción literaria del siglo XIX y XX, ya que lo que esa "voz" de la escritura del epistolario deja ver, es que se trata de un hombre práctico, casi se diría un hombre "de carrera", el foco de su interés dista mucho de ser una mujer. El *Corpus Cortesianum* (1519-1526) no habla sino de Hernán Cortés, y Malinche no tiene cabida (apenas unas pobres líneas en una de las cartas) dentro de ese proyecto de seducción y conquista de una tierra nueva, cuya subyugación convertiría al expedicionario en un hombre rico, un hombre con títulos, tierras y un lugar en la historia.

La muerte de Cortés en 1547 parece cerrar la única referencia que podría haber dado un testimonio acabado de su vínculo con Malinche y de la campaña expedicionaria y guerrera que ella colaboró en agilizar, a través de su conocimiento de las lenguas y su capacidad para interpretar signos culturalmente ajenos a los europeos. Sin embargo, otros documentos abrieron, aunque escuetamente, la referencia a Malinche/Marina, su origen, su nombre, las circunstancias de su entrega con una comitiva de mujeres indígenas. Gonzalo Fernández de Oviedo, en *Historia Natural y General de las Indias* 1548, escribe: "e más adelante en otro pueblo que se dice Champotón, se tomó una india que se decía Marina, la cual era natural de la Ciudad de México, e ciertos mercaderes indios habían llevado a aquella tierra, e aprendió muy bien e presto la lengua española" (124). Francisco de Aguilar que entre 1550 y 1565 en su *Relación breve de la Conquista de la Nueva España* dice, "y ocho mujeres por esclavas y entre ellas una que se llamó Marina a la cual después pusieron Malinche, la cual sabía la lengua mexicana entendió la lengua del dicho Aguilar que habíamos tomado en la costa" (67). Diego Durán en *Historia de las Indias de Nueva España* apunta: "por lengua de una india que traían y entendía la lengua española y mexicana" (508). Francisco Cervantes de Salazar en *Crónica de Nueva España* en 1564 da las dos versiones circulantes del origen de Malinche, "hija de padres esclavos y comprada por ciertos mercaderes, la otra y más verdadera es que fue hija de un principal que era señor de un pueblo" (136). Diego Muñoz Camargo en *Historia de Tlaxcala*, indica: "En lo que toca al origen de Malintzin hay más grandes variedades sobre su nacimiento y de qué tierra era" (178). Andrés de Tapia en su *Relación sobre la Conquista de México*, 1544 dice: "supimos de ella que siendo niña la habían hurtado unos mercaderes" (561). Francisco López Gómara, capellán de Cortés, atestigua lo siguiente en su obra *Historia de las Indias y Conquista de México*: "preguntó Cortés a Marina, quién era y de dónde, Marina que así se llamaba después de ser cristiana, dijo que era de Xalisco, de un lugar dicho Viluta hija de ricos padres y parientes del señor de aquella tierra" (46).[1]

Dos documentos visuales la registran para nosotros en el siglo XVI, el *Códice Florentino* de Bernardino de Sahagún y el *Lienzo de Tlaxcala* (1552), ambos documentos revelando ya influencias europeas en los procedimientos pictóricos de los dibujos.[2] Los artistas de estos dos documentos presentan a Malinche como una indígena más usando la larga túnica de las mujeres o *huipilli*, una indumentaria más bien modesta con un cuello en escote V, junto a ella aparecen elementos que eran desconocidos para los indígenas en el momento de conquistarlos: caballos, instrumentos de guerra, cascos, el metal de los cuerpos, una cultura material totalmente ajena al algodón y la piedra mesoamericanos. La diferencia más importante es que en el documento de Sahagún, Malinche aparece con el cabello recogido y en el lienzo tiene el cabello suelto, ocupando siempre un lugar junto a Cortés de quien es la intermediaria perfecta. Su rostro no tiene ninguna característica particular y pudo haber sido dibujada por varios artistas, de hecho el *Códice Florentino* fue un documento de colaboración con un grupo de alumnos nahuatlatos del Colegio de Tlatelolco. En el *Códice* sale dibujado de su boca el signo del habla que ocupan los doce tomos de Sahagún para interpretar visualmente las comunicaciones. Y Marina habla, habla a lo largo de toda la campaña guerrera, en la que advertirá a Cortés de los peligros y de las seducciones de estos pueblos: sus rituales, sus calendarios, su visión metafísica, al mismo tiempo que ella es el receptáculo de la nueva incorporación de símbolos cristianos por el bautismo, que como he señalado en mi artículo, "Itoca Malitzin/Doña Marina: biografía de una mujer indígena", escinde su propia persona, desdoblándola a nivel historiográfico, como si a un mismo tiempo dejara de pertenecer a una historia (la historia indígena pre-contacto) y abriera el capítulo de la historicidad poscortesiana, cristiana y alfabética. Claro que, cuando el drama de la conquista se cierra, sabemos que Malinche es Marina, sabemos que se casa con Jaramillo, un español expedicionario, y que vive en México. No tenemos idea si lee o escribe el español, o hasta que punto – como lo demuestran sus coetáneos– persisten en ella los rituales mitológicos y religiosos indígenas. No sabemos si la transformación nítida de esos dibujos y su cooperación con los españoles, no sufre otra evolución una vez que se desdibuja la escena del conflicto (incluso después de la campaña de Honduras) y cuando la primera colonia y asentamiento ibérico se establecen por vías institucionales creando un nuevo virreinato, en el marco complejo de ese reajustamiento cultural y étnico para Mesoamérica. Pero si la aceleración de esos hechos, la borra dentro del contexto de la historia que comienza a crecer en torno a esta nueva tierra, en la posteridad de su carrera la recoge para la inmortalidad narrativa un soldado menor, Bernal Díaz.

Bernal Díaz, Prescott, Paz: tres versiones de una mujer.

Pocos se preguntan por las motivaciones que tuvo Bernal Díaz del Castillo para poner el énfasis que puso en rescatar para todos a Marina. Dado las versiones historiográficas en donde se la trata como la "india regalada", "la esclava" o "la interprete", me pregunto si ese rescate tiene que ver con su propia condición dentro de la Conquista, en donde la labor de los esforzados y anónimos soldados no se vio debidamente enmarcada en la historia oficial, y entonces un discurso de subalternidad sería lo que reúne a Bernal con Marina en el plano social y simbólico. No sabemos si Bernal Díaz tuvo un contacto más directo con Marina después de la conquista, si alguna vez conversaron sobre los eventos que provocaron la caída del imperio de Monteczuma. Pero es gracias a su registro en el Capítulo XXXVII de *Historia verdadera de la Conquista de la Nueva España* y en otros pasajes de esa obra, donde vemos a la mujer políglota, _multilingü_ a la protagonista, transformada en centro, al otorgarle la importancia de una escritura histórica:

Antes que meta más manos en lo del gran Moctezuma… quiero decir lo de Doña Marina, cómo desde su niñez fue gran señora y cacica de pueblos y vasallos; y de esa manera: que su padre y su madre eran señores y caciques de un pueblo que se dice Painala, y tenía otros pueblos sujetos a él, obra de ocho leguas de la villa de Guazacualco; y murió el padre quedando muy niña, y la madre se casó con otro cacique mancebo, y hubieron un hijo, y según pareció queríanlo bien al hijo que habían habido; acordaron entre padre y madre de darle el cacicazgo después de sus días, y porque en ello no hubiese estorbo, dieron de noche a la hija Doña Marina a unos indios de Xicalango (59).

Es Bernal el que la convierte en un agente fundamental de esa historia de México mientras escribe sus memorias en Guatemala hacia 1580. En su escritura se nos revela la valentía de Marina, una valentía tal que sorprendió al soldado de veintiún años marchando por un continente vasto y desconocido, a menudo con miedo, enfrentando rituales estremecedores como el de los sacrificios humanos. En el Capítulo LXVI, escribe:

> Dejemos esto y digamos cómo Doña Marina, con ser mujer de la tierra, qué esfuerzo tan varonil tenía, que con oír cada día que nos habían de matar y comer nuestras carnes con ají, y habernos visto cercados en las batallas pesadas, y que ahora todos estábamos heridos y dolientes, jamás vimos flaqueza en ella, sino un mayor esfuerzo que de mujer (199).

Este cuadro es, al pensar de Georges Baudot, la primera "construcción cultural" en torno a Malinche/Marina. En su artículo *"Malitzin, imagen y discurso de mujer en el primer México virreinal"*, Baudot presenta los problemas para aceptar esta historia, basado en la imaginería renacentista y sus modelos[3]:

> El soldado de Cortés sería a fin de cuentas el primero, y quizás el más ilustre, de los autores de una de las reencarnaciones de Malitzin, o si ustedes quieren, en el día de hoy, uno de sus primeros "padres". Nuestro cronista habría incurrido en una construcción narrativa cuyas partes serían el resultado cuidadoso de una selección, de una construcción y de una presentación, moldeadas sobre un esquema paradigmático sacado de la tradición literaria y artística de Europa (303).

Para Baudot, Bernal Díaz crea un pre-texto (preparación o anterioridad del texto) con la infancia de Marina, su abolengo prehispánico, la grandeza espiritual al pasar a ser cristiana, el reencuentro con la madre y el hermanastro durante 1523, el perdón a ambos, en todas estas escenas reproducidas desde esa memoria, Baudot piensa que se la describe como un personaje sin contradicciones, encerrando a Malinche en categorías de "dama" o "doncella", como en una novela de caballería o en una *predella* medieval. Al enmarcarla dentro de estas nociones de femineidad y protagonismo, Malinche parece un personaje sin escisiones. Este documento fundacional sobre la intérprete de la conquista, abre un camino de extraordinarias transformaciones para recrear lo que, como testigo de primera mano, Bernal dice que ha visto, que "verdaderamente" ha comprobado.

En 1843 William Prescott termina su *Historia de la Conquista de*

México, y la incorporación de Malinche en su copioso estudio asegura el traspaso de "Doña Marina" desde la crónica conquistadora, el relato oral o la iconografía, hasta la historia mexicana "oficial". Su fuente para esa incorporación es el relato de Bernal Díaz. Este trabajo se leería con fervor en varias partes de Europa y América, en México, esto mismo coincide con la moda literaria de la época que es precisamente publicar novelas con personajes indígenas según los cánones del exotismo europeo. Al aparecer Malinche en escena la época le otorga una serie de cualidades que hasta entonces no sabíamos que el "personaje" Malinche tenía. Al decir de Núñez Becerra: "Así "la dama de la Conquista" como la llamaron algunos eruditos enamorados de este personaje, no sólo habla la lengua mexica, la lengua del imperio, sino que "hablaba con mucha elegancia" e incluso poseía una "suave y hermosa voz" (105).

Como señala Núñez Becerra, el novelista Ireneo Paz con su obra literaria *Doña Marina* llegaría todavía un poco más lejos: "Doña Marina es descrita como una princesa europea rodeada por su servidumbre, vestida y peinada a la última moda (un día de luto se vistió con un huipil de terciopelo negro con encajes blancos), sobre todo, son sus sentimientos los que más se asemejan a los de las mujeres blancas y ricas del siglo XIX" (116).

En todo momento el intento de Ireneo Paz es "blanquear" a Malinche, enterrar ese pasado que él mismo no puede comprender, arrancarla de esas páginas históricas y convertirla en una contemporánea. El enfoque romántico que le da a la protagonista (de una guerra cruenta) separa los hechos reales de la campana de Cortés con Marina, para retransformala en la trama de un episodio romántico, una novela que puede seguirse en capítulos como si las realidades pragmáticas de esa expedición conquistadora hubieran sido solamente "telones de fondo" de la historia amorosa, historia que alcanza su punto climático para el lector cuando Cortés recibe la llegada de su esposa, así lo comenta Núñez Becerra:

Marina había dejado a Cortés previamente, a pesar de su intenso amor, cuando supo que la legítima esposa llegaba a tomar su lugar al lado del capitán; bello ejemplo de abnegación y también otra característica muy femenina. Incluso el autor hace decir a Marina estas frase que muestra hasta qué punto puede llegar su amor, prueba suprema de abnegación femenina y amorosa: 'Dime que me quede y sabré ser india…, la esclava sumisa de tu esposa'. A pesar de tanta 'belleza moral', la esposa de Cortés hace berrinches de niña consentida y celosa porque: 'no soporta la idea de que su marido haya vivido con una persona que no corresponde al género humano, esa india es el animal más inmundo de todos' (118).

Georges Duby y Michelle Perrot en *Historia de las mujeres*, comentan sobre la situación social de la mujer emigrada dentro de la nueva vida colonial americana:

> En oposición a la conducta del hombre, que en Indias abandona muchas inhibiciones y se olvida de la mujer e hijos que dejó en España, la mujer española actuó en el sentido absolutamente inverso. Voluntariamente no se mezcló con el indio porque ello suponía un desprestigio social y el desprestigio de sus hijos, que retrocedían en la escala de valores de aquella sociedad naciente. Es posible que hayan existido relaciones voluntarias y hasta algunos matrimonios, pero resulta evidente que el mestizaje lo realizó el varón español, como gesto voluntario (572).

La novelística de Paz no puede incorporar una imagen de la mujer que ha vivido la transformación cultural más impactante del Nuevo Mundo, sino que tiene que adecuarla a los cánones culturales admitidos para convertirla en una heroína romántica desesperada de amor por Cortés. Todo es un gran romance en el que no queda espacio, ángulo, punto de fusión con las armaduras y la guerra, el sexo (que es uno de los referentes más tradicionales asociados con Malinche, sexo, no violación), entra en estado cortesano. Como otro "padre mítico" de Malinche, si Bernal la incrusta en la imaginería literaria renacentista, Ireneo Paz nuevamente la transporta a Europa, a los modelos europeos dispuestos para los lectores cultos de esa época. Quizás porque la cultura autóctona no podía ser directamente confrontada, y el elemento eurocéntrico de la narración era el elemento aprobado por una elite intelectual. La ideología europeizante necesariamente traía consigo el factor religioso de una población católica, que no asociaba la conquista con el cuadro más dramático (aunque pudieron haber muchas excepciones) de las mujeres indígenas utilizadas con fines sexuales, y despojadas de hábitos corporales y religiosos inherentes a su cultura. Ese grado de novedad introducido por el europeo que inicia el mestizaje, no tiene cabida en la versión idílica de un enamoramiento de campaña, al deslumbrarse Malinche (y las otras mujeres indígenas) frente al exotismo del hombre español emigrado.

Del discurso sentimental a la traductora traicionera.

La Revolución mexicana abrió un ciclo de nacionalismo mexicano. En un afán por reencontrar lo prehispánico comenzaron programas de excavación antropológica, a fin de encontrar una "esencia" que pudiera sostener un nuevo programa político. La coincidencia de estos factores hizo que el retrato de Malinche, como mujer prehispánica, sufriera todo tipo de transformaciones culturales, expresadas por Nuñez Ibarra de esta manera: "La ambigüedad de la ideología nacional hace que los retratos de Malinche sean divergentes; unos, los particularmente interesados en fundamentar a la patria en la mesticidad, insisten en que ella fue nuestra madre, la madre del primer mexicano; otros, más confusos, la atacan como traidora en nombre de un aztequismo aún más confuso y primitivo" (144).

Carlos Monsiváis explica el "malinchismo" (termino negativo, despectivo, que en tiempos revolucionarios se relacionaba con todo aquel que buscara influencias extranjeras, tal como la intérprete de la conquista que traicionó a su propia raza), y todo el mito negativo de Malinche tiene sus raíces en el plan operacional dentro de la formación de significados y símbolos nacionales:

En un país de mayorías analfabetas, de acatamiento servil a las autoridades civiles y eclesiásticas, de inercias monstruosas, la batalla por las conciencias pasa por la escritura de la historia y es, en síntesis, la posibilidad misma de gobierno. Al mismo tiempo, a los liberales les urge ajustar cuentas con la agresividad de los criollos, representantes ostensibles de aquellas tradiciones más nocivas que el progreso debe eliminar. Construir la nación es también suprimir las trabas mentales más arraigadas, salvando lo fundamental de la herencia española: el idioma, la religión (sin fanatismo), la gran literatura de los Siglos de Oro, las prácticas familiares, las costumbres entrañables (140).

Fuera de eso, el grito de la patria es la desespañolización de México, y Marina/Malinche cumple un rol catalizador para funcionar como una figura de trauma, la mujer colaboracionista, la que permite al enemigo conocer el imaginario azteca, en la función conquistadora ella es quien recoge la fuerza de ese repudio cultural, dejando de ser "madre", para pasar a ser "la vendida", "la conspiradora", la regalada". Su sexualidad desciende desde una postura celebratoria a la postura violenta, es una sexualidad vulgar compartida con el conquistador: "la manceba de Cortés". Como los tlaxcaltecas, Malinche es una traidora que la causa política utiliza con todos los prejuicios del caso. *Malinchismo* (término surgido en 1930) es una denominación cuya historicidad se remite más a los procesos políticos, que a cualquier otra realidad genérica. Sin embargo, en el ideario mexicano, viene muy bien que sea una mujer la que carga con estos objetivos antipatrióticos, permitiendo el avance europeo y la destrucción de las verdaderas raíces mexicanas: el calendario cíclico, los ídolos de piedra, las empresas rituales y políticas de los antiguos mexicanos.

r too much / too many

Es demasiado conocido, y reiterativamente mencionado el retrato del propio Octavio Paz, en su *Laberinto de la soledad,* y por lo mismo no puede dejar de mencionarse aquí, la forma como Paz teje esta suerte de máscaras que corresponden a Malinche de un extremo al otro, como si en la compleja intersección de miradas que viene recibiendo no terminaran de definir su función ética en la misma historia mexicana:

> Si la Chingada es una representación de la Madre violada, no me parece forzado asociarla a la Conquista, que fue también una violación, no solamente en el sentido histórico, sino en la carne misma de las indias. El símbolo de la entrega es la Malinche, la amante de Cortés. Es verdad que ella se da voluntariamente al Conquistador pero éste, apenas deja de serle útil, la olvida. Doña Marina se ha convertido en una figura que representa a las indias, fascinadas o violadas o seducidas por los españoles. Y del mismo modo en que el niño no perdona a su madre que lo abandone para ir en busca de su padre, el pueblo mexicano no perdona su traición a la Malinche. Ella encara lo abierto, lo chingado, frente a nuestros indios, estoicos, impasibles, cerrados (146).

Pero todo discurso, tiene su contra-discurso, y recogen a Malinche una serie de investigadores contemporáneos, cuya mirada trata de brindar otra justicia a la posición política clave que Malinche ocupó en el siglo XVI, en un entrecruce de cuestiones ideológicas y religiosas que no han sido resueltas ni aún en el contexto del indígena mexicano contemporáneo.

Tzvetan Todorov en *La Conquista de América,* piensa que Malinche es una figura clave porque es una figura respetada por los indios, que en sus diferentes encuentros con ella ven la capacidad de controlar la situación y de interpretarlos. Por otra parte cuando andaban juntos se le daba a Cortés el nombre de "Malinche" como era la costumbre que la mujer llevara el nombre del hombre. Esto evidencia la asociación enorme que existía entre ambos, lo cual no es negativo para Todorov, sino que ilustra como Malinche funcionó como un símbolo entre dos culturas. Jean Franco opina en *Plotting Women,* que el problema de la nacionalidad mexicana presentado por autores hombres requiere una traición femenina como construcción de esa épica nacionalista. Margo Glantz en su artículo "La Malinche: la lengua en la mano", comenta que Malinche realmente no tiene voz y todo lo que dice o interpreta está controlado a través del discurso indirecto. Sin embargo como es considerada una "lengua" (una voz), su cuerpo desaparece porque *camp [illegible]*

es el cuerpo de una esclava. Elizabeth Salas en su trabajo *Soldaderas in Mexican History* ve a la Malinche como la primera soldadera en la historia militar de las mujeres en México, una mujer que sabe manejar información valiosa sobre las costumbres, los hábitos y las tretas del pensamiento interno de México.

En suma, la capacidad de traducir, transculturalizar ritos y realidades, parece tener efectos muy particulares en la suma de interpretaciones, aún del presente intelectual, aunque con análisis mucho más positivos que los que la reconstrucción del nacionalismo mexicano, identificando a Malinche con la "contaminación" del enemigo, reduciendo o amplificando esa capacidad personal de Malinche, para hacerla viajar desde las crónicas, a las reuniones protocolares del partido en el poder. Desde un libro escrito en Guatemala por Bernal a la propaganda política de un siglo que jamás anticipara.

Body Language: Malinche en escena.

Algunas reflexiones que me han surgido respecto de Malinche tienen que ver con su cuerpo, ya que se ha centralizado su iconocidad en gran parte, en la sexualidad compartida con Cortés. En ese contacto del conquistador con una mujer india, exótica, que no conocía las prácticas culturales europeas, relacionadas con la apariencia. Hay que recordar que en el siglo XVI y XVII el miedo al agua en Europa dio lugar a toda una serie de sustitutos, tales como el polvo y el perfume. Se creía que la piel era permeable y el baño representaba una amenaza para la salud. Al desaparecer el agua, fue reemplazada por el frotado. Es difícil imaginar a Maliche/Marina, lejos del agua, incluso porque las últimas batallas antes de la caída de Tenochitlán fueron batallas navales llevadas a cabo en ese lugar rodeado de lagos en que vivía Moctezuma. Por encima de esta diferencia, está el artificio de la cosmética (que no vemos en los documentos iconográficos relacionados con Malinche, aunque la pintura facial se practicaba en Yucatán y en toda Mesoamérica), la moralización del cuerpo femenino a través del discurso de la iglesia, bajo condiciones de colonización retransformó no sólo su nombre, sino su condición de mujer-esclava en mujer-pecadora. La teología puso al cuerpo en el centro del discurso, y al sexo en el centro del pecado. No es extraño, entonces, que la visión malinchista, visión en negativo, tuviera que ver sobre todo con las categorías genéricas establecidas por la iglesia (Eva-María). Un parámetro de virtud que va desde la Virgen, en un extremo de la teología y en el otro a Malinche (pecadora, corruptora, entregada al placer).

Al examinar la cantidad de obras de teatro que se han escrito sobre ella dentro y fuera de México, se comentará aquí la de tres autores mexicanos notables, lo cual es una reducción deliberada al no poder abarcar un *corpus* de producción que tomaría en sí mismo un estudio mucho más específico e innegablemente más prolífico. Sobre su cuerpo, su lenguaje, su posicionalidad histórica han aparecido y siguen apareciendo una cantidad de reinterpretaciones como si se tratara de un núcleo narrativo magnético que invita a ser reproducido con los auxilios de otras técnicas y otros lenguajes escenográficos. Por otra parte, en sí misma la producción chicana (la fuerza y la diversidad de esa discursividad sobre Malinche) es un complejo y activo cuerpo cultural ya no desde México, sino desde Estados Unidos. Hay por lo menos veinte autoras chicanas que retextualizan el mito Malinche, entre otras: Flor Saiz, Dorinda Moreno, Gloria Herrero, Jeanette Lizcano, Norma Alarcon, Cherrie Moraga, Alma Villanueva, Margarita Cota-Cadenas, y otras. El movimiento en sí sirvió para redefinir las imágenes de otras mujeres a través de un reclamo de las políticas sexuales y del espacio cultural adjudicado al cuerpo femenino, con Malinche las chicanas buscaron una nueva ruta interpretativa y genérica para Sor Juana Inés de la Cruz, la Virgen de Guadalupe y Frida Kahlo.[4]

Tres dramaturgos mexicanos, Carlos Fuentes: *Ceremonias del* Alba (1970),[5] Sabina Bergman: *Aguila o sol* (1988) y Rascón Banda: *La Malinche* (2000), me parece que invitan a aproximaciones de alta calidad y sumamente originales, porque en el momento en que estas producciones aparecieron, crearon una versión desde la mujer, aportando elementos no anticipados por otros trabajos ficcionales. Carlos Fuentes es –a mi parecer– el primero en darle a Malinche el poder de su feminidad y circunscribirla dentro de las luchas de poderes ya no indígena-europeos, sino entre los mismos soldados. Sus rangos, y el enfrentamiento de Cortés con los misioneros, anticipa lo que sería luego un pos-Tenochitlán muy complejo entre el nuevo marqués (Cortés) y la gente que lo acompañó en la toma de la capital azteca. La misma crónica de Bernal Díaz surge como un intento esclarecedor de aquellos días, su propósito es legitimizar otra voz narrativa que no es la del mismo Cortés, para contar su participación directa en los hechos. Marina sufre pues esa tensión interna, y su cercanía al hombre de poder por excelencia, genera celos y sospechas, como si la traición la ejerciera no con el pueblo indígena sino con los que, hasta antes de su bautismo y su llegada, han sido los confidentes directos de este hombre aventurero y desafiante. Hay en la obra además, toda la carga simbólica del mestizaje a través del primer hijo de Cortés. Y, nuevamente, es su posición de intermediaria lo que la condena dentro de un complejo juego de relaciones. En esta obra, el que cuida de las apariencias, el cuerpo, las ropas finas, el penacho, es Cortés (un hombre muy consciente de la importancia de las apariencias) nunca Malinche.

Sabina Bergman en *Águila o sol* produce un quiebre de la visión de Malinche a través de la visión de Cortés. Bajo una característica innovadora, hace hablar a Cortés un castellano viciado de palabras en latín, francés, inglés y alemán (los lenguajes asociados con el imperialismo). Ya que tanto se recuerda la destreza de Malinche con el maya y el náhuatl, y su capacidad cultural linguística, aquí realmente la figura políglota es Cortés que maneja un lenguaje polucionado de expresiones extranjeras. Cortés ni siquiera puede comunicarse con la audiencia, por lo tanto Malinche traduce no sólo lo que los indígenas le dicen al europeo conquistador, sino lo que Cortés mismo dice a la audiencia. Malinche se convierte en la traductora del público, patetizando así, que la lengua es otra penetración, cuyas características ideológicas en el siglo XVI tenían como objetivo la operación colonizadora, bajo una amplia gama de destrucción simbólica. Paz y Bergman reflejan como Victor Hugo Rascón Banda lo prehispánico pero su obra "Malinche" Rascón Banda recrea una protagonista que se mueve en el ámbito contemporáneo. Los acompañantes de Cortés y él mismo están vestidos como turistas americanos venidos de Cancún. Además, esta Malinche es problemática y por eso termina necesitando al analista, para rememorar su pasado. Al representar a Malinche como una mexicana del siglo XX, hace de ella una protagonista que juega con la memoria histórica, como no ha podido hacerlo por siglos, sujeta a la crítica política, religiosa y moral de sus coetáneos. Historiografiada en el centro del debate, sin poder expresar ninguno de sus sentimientos por vía directa, sin reencauzar su biografía dentro de los fenómenos mismos de la historicidad que le tocó vivir, la Malinche muda resuelve aquí examinar ella misma eventos, personas y situaciones sólo parcialmente rescatados por la documentación colonial. El efecto es refrescante porque a la mujer de acción que vemos desde lejos, se le une esta interpretación de una mujer política y pragmática del presente. El enigma aún no se resuelve, pero las versión negativa mexicana sufre los trastornos de otras interpretaciones mucho menos parcializadas en torno a su participación el los hechos bélicos de 1521.

Malinche/Marina: desdoblamientos histórico- culturales

Muchos espacios y representaciones culturales: danza, teatro, literatura, *folk art* dieron paso a nuevos rostros de Malinche,[6] a desdoblamientos en donde lo prehispánico a veces es sólo un pretexto para identificarla con problemas inherentes a los reclamos de las mujeres de otra época (tal el caso chicano). A esto se suma el problema indígena-étnico, que tiene todo una trayectoria en cuanto a la posicionalidad que se le ha dado a través de diferentes agendas políticas latinoamericanas, inmediatamente surgidas después de la Conquista y con prejuicios que llenarían años y siglos de

discriminación real de los amerindios y sus intereses y saberes alternativos.
Hay además, una historiografía que documenta y que clausura, y una historia
oral y popular que siempre abre paso a nuevos registros entre la traductora
cultural y la "amante" desde el discurso político al erótico, la valiente
Malitzin, y la Malinche sexual los dos retratos que con más frecuencia se
complementan para crear una construcción negativa. Entre emperadores y
conspiradores, y como compañera de un hombre occidental de quien no
conocía ni su pasado ni su posición real en cuanto a España, ella articula el
mensaje de la paz o de la guerra, entre la batalla, la sangre, los pantanos, la
caída de los soldados y los indios, los ídolos de piedra y nuevos signos de
la cristiandad, emerge valiente como la describe Bernal Díaz, capaz de
superar la fatiga y mantenerse fuerte en las horas más tensas.

D. H. Lawerence, en *The Plumed Serpent*, su novela basada en México,
crea a la protagonista Kate, una irlandesa que visita el país y es persuadida
para tomar parte de una revolución que es a la vez política y religiosa.
Kate acepta el desafío adoptando el nombre "Malintzi", y un vestido con
las características étnicas las de los vestidos indígenas. Lawrence
reencuentra lo prehispánico. *The Plumed Serpent?*. *Yes*. Llueve en la tarde
invernal del verano de Londres y Astrid Hadad ha dado muestras por más
de una hora de la irreverencia y el talento con que manipula los símbolos
nacionales de la identidad mexicana, y los reconvierte en reflexiones
sociales, políticas, feministas. Sus trajes son maravillantes, aparece con
un vestido hecho de manteles vinílicos y otro construido en papel al mejor
estilo mexicano, arrojando otros papeles picados y dorados desde un
sombrero gigante, todo su cuerpo cubierto en lo que parece una lluvia
como en una escena de película. Por fin, con su larguísimo cabello negro,
canta una canción que puede resonar en varias generaciones y que se ajusta
a Malitzin/Marina como pocas. La audiencia no sabe ya cómo aplaudir. La
letra dice: *"por más que intento, no, no, no, yo no la hago"*. ¿Un
contradiscurso del optimismo americano? ¿O un maravilloso retrato de
todo lo que le pedimos en la historia a una sola mujer?

Notas

[1] Sin duda, estas fuentes historiográficas —utilizadas por otros
colonialistas— no cubren la gama total de las expresiones escritas sobre
Malinche, un proyecto en la Universidad de Michoacán en México está
desarrollando la presencia de Malinche en las fuentes náhuatl. De esos
documentos van a surgir otros enfoques al pertenecer a la visión indígena
sobre Malinche, una visión todavía bastante velada.

[2] Para más información sobre estos documentos visuales consultar la disertación de Carlo Linda Maturo "Malinche y Cortés, 1519-1521: An Iconographic Study" (University of Connecticut, 1994). A diferencia de los iconos modernos en donde la imagen juega un papel tan importante para juzgarlos, no tenemos en ese siglo más que estos dos documentos. No hay retratos de la Malinche en la colonia novohispana. Otro estudio importante es el de Jeanne Guillespie, *Saints and Warriors. Tlaxcalan Perspectivas on the Conquest of Tenochtitlan* (Nueva Orleans: U.P. of the South, 2004). Allí describe desde una perspectiva de los indígenas vencedores la imagen de Malinche entre esos guerreros y la comitiva española del Lienzo de Tlaxcala. Desde las páginas 50-72, Guillespie analiza el estado de la comunicación entre el grupo étnico que apoyó a los europeos, y los europeos mismos después de la conquista. Su desarrollo de esas ilustraciones sugiere otro ángulo para seguir analizando la presencia física y cultural de la intérprete en el ambiente inmediato a la posguerra mesoamericana.

[3] Otro artículo de Baudot, "Política y discurso de la Conquista de México: Malitzin y el diálogo con Cortés" indaga sobre las fuentes filológicas sobre Malinche pero también sobre el debate de su nombre, el artículo es rico en interpretaciones sobre la vida de Malinche antes y después de la Conquista (incluyendo la imaginería indígena acerca del signo de su nacimiento). Baudot estima por fuentes de archivos que su muerte se produjo en 1551. Juan Jaramillo, su esposo en la colonia se vuelve a casar con Beatriz de Andrada, muriendo poco después. Debemos recordar que Malinche entra en la escena histórica en 1519, y ya para 1522 era madre de su hijo mestizo, Martín Cortés. Este artículo se encuentra en el libro de Baudot: *México y los albores del discurso colonial* (México: Nueva Imagen, 1996): 285-300.

[4] Las que remueven conceptualmente la imagen de Malinche son las Chicanas, que comienzan a tener una participación política en Estados Unidos a partir de los años 1960-1970. El movimiento chicano quiere establecer su independencia fuera de la cultura hegemónica angloamericana, y para ello restituye una cantidad de mitos mexicanos, pero desde una construcción alternativa, en parte inspirada por los escritos de Rosario Castellanos, contraponiendo la visión masculina a las necesidad genéricas de un grupo de autoras y pintoras que pretenden recontextualizar a Malinche en la literatura y la plástica chicana. Consultar el artículo de Jean Franco: "La Malinche: From Gift to Sexual Contract" en *Critical Passions* (Durham: Duke University Press, 1999), donde Franco comenta sobre el simbolismo de Malinche para el movimiento de chicanas en los Estados Unidos.

[5] Esta obra de teatro de Carlos Fuentes tiene como documento base al *Códice Florentino*, cuya fidelidad persigue en todo momento, hay una gran riqueza de lenguaje que permite entrar dentro del monólogo de Malinche, un monólogo interior en el que se plantean dudas muy importantes sobre la situación del mestizaje (los hijos nacidos de los conquistadores), la codicia del oro, el término de la vida amerindia como se la conocía. Es un trabajo muy interesante porque trata un mismo documento en dos siglos, bajo el signo de la mujer y la contemporaneidad en cuanto a los planteos que Fuentes le imprime.

[6] Como ejercicio pedagógico vale la pena hacer con los estudiantes una búsqueda de todas las imágenes que el nombre "Malinche" entrega a través de un barrido por el internet. Esas imágenes son tan ricas que en sí mismas invitan a discutir el espacio interdisciplinario de esta mujer icónica, y a recorrer las mediaciones culturales que se dan en torno a una figura como la suya. Malinche puede ser estudiada desde muchos ángulos: como lengua, desde la batalla, en contacto con una cultura occidental y como inspiración mítica de nuevos modelos de estudio en las categorías de género e historia y género y literatura. El análisis es inagotable, porque la controversia en torno a su figura, invita a nuevos modelos críticos para acercarse a ella, y abre un proceso único para hablar del cuerpo y la lengua (desde los estudios de los Latinos en Estados Unidos). Se evidencian también los vehículos políticos, cuyas construcciones son móviles y sufren las variaciones de la religión, el plano económico, y la apropiación ideológica del individuo en estas miradas. Otra posibilidad de estudio es la controversia de las diferentes puestas escénicas que representan a Malinche, y que han levantado polémicas nacionalistas al recuperar con elementos de la posmodernidad a esta mujer al filo de la colonización en perpetuo "nepantla" (entre dos mundos).

Obras citadas

Aguilar, Francisco de. *Relación breve de la Conquista de la Nueva España,* (México, UNAM, 1977).

Baudot, Georges. "Malitzin, imagen y discurso de la mujer en el primer México virreinal", *México y los albores del discurso colonial* (México: Nueva Imagen, 1996).

Bergman, Sabina. *Aguila o sol* (México: Editores Mexicanos Unidos, 1985),

Cortés, Hernán. *Cartas de relación* (México: Porrúa, 1973).

Díaz del Castillo, Bernal. *Historia verdadera de la Conquista de la Nueva España* (México: Porrúa, 1960).

Duby, Georges y Michelle Perrot. *Historia de las Mujeres del Renacimiento a la Edad Moderna* (Buenos Aires: Taurus, 2000).

Durán, Diego. *Historia general de las Indias de Nueva España e islas de tierra firme* (México, Porrúa, 1967).

Cervantes de Salazar, Francisco. *Crónica de Nueva España* (Madrid: Historia 16, 1986).

Franco, Jean. *Plotting Women* (New York: Columbia U.P. 1989).

Fuentes, Carlos. *Ceremonias del alba* (México: Siglo XXI, 1991).

Glantz, Margo. "La Malinche: la lengua en la mano", *Mitos Mexicanos,* ed., Enrique Florescano (México: Aguilar, 1995): 130-132.

Ilarregui, Gladys. "Itoca Malitzin/ Doña Marina: biografía de una mujer indígena", *Beyond Indigenous Voices,* Mary H, Preuss, ed. (California: Labyrinths, 1996): 43-48.

—., "Marina: A Woman before the Mirror of Her Time in Carlos Fuentes's 'Ceremonias del Alba'", *A Twice Told Tale: Reinventing the Encounter in Iberian/Iberian American Literature and Film* (Santiago Juan Navarro y Theodore Robert Young, eds. (Newark: University of Delaware

Press, 2001): 109-122.

Lawrence, D.H. *The Plumed Serpent* (London: Penguin Books, 1960).

López de Gómara, Francisco. *Historia de las Indias y Conquista de México*, Caracas: Ayacucho, 1972).

Monsiváis, Carlos. "La Malinche y el Primer Mundo", *La Malinche, sus padres y sus hijos*, Margo Glantz, coord., México: Taurus 2001): 139-147.

Muñoz Camargo, Diego. *Historia de Tlaxcala* (México, Universidad Autónoma de Tlaxcala, 1998).

Núñez Becerra, Fernanda. *La Malinche: de la historia al mito* (México: INAH, 1996).

Oviedo, Gonzalo Fernández. *Sumario de la natural historia de las Indias* (México: Fondo de Cultura Económica, 1950).

Paz, Ireneo. *Doña Marina* (México: Imprenta de Ireneo Paz, 1883).

Paz, Octavio. *El Laberinto de la Soledad* (México: Cuadernos Americanos, 1950).

Prescott, William. *Historia de la Conquista de México* (México: Porrúa, 1976).

Rascón Banda, Victor Hugo. *La Malinche* (México: Plaza Janes, 2000).

Sahagún, Bernardino de. *Historia general de las cosas de la Nueva España* (México: Porrúa, 1992).

Salas, Elizabeth. *Soldaderas in Mexican History* (Austin: University of Texas Press, 1990).

Steely, Wayne C. "Una lengua para quejarse: la libertad de expresión y los documentos coloniales mexicanos", ensayo presentado en la Asociación de Estudios Latinoamericanos, Chicago, Illinois (Septiembre 24-26, 1998).

Tapia, Andrés de. *Relación sobre la Conquista de México* (México:

Porrúa, 1971).

Todorov, Tzvetan. *La Conquista de América* (New York: Harper & Row Publishers, 1984).

María Félix y la lectura del tiempo histórico femenino de la posmodernidad: Mito y ritos sociales en México

Rubén Sandoval,
Universidad Autónoma de la Baja California Sur

> Ante cualquier mito existen dos posibles actitudes: demolerlo mediante la investigación valiente de la verdad o someterlo a la prueba en cederle la palabra para medir su propia resistencia al misterio que lo constituye (Bradu 42).

El México del siglo XX es un universo de múltiples referencias culturales en la concepción de la modernidad. A fines del siglo pareciera como si los valores entendidos como sociales hubieran sido comprendidos en su total acepción de una vez y para siempre, o se hubieran encontrado en la misma realidad mexicana eternamente. El concepto de lo social es un cruce de caminos en búsqueda de ubicación real que lo defina y lo determine como posibilidad no intercambiable. Significa, entonces, que el cuestionamiento del mexicano sería en torno a su propia ubicación dentro de este universo de valores y no a través de este espejo mágico, sin reflejo, en el que los nacionales nos hemos observado tanto tiempo. La sociedad mexicana por consecuencia, medio ciega, medio clarividente, se ubica dentro de ese continente de mezclas de conceptos y de indefiniciones. "Yo creo que la diferencia cultural de América Latina es una diferencia aparente de las barreras lingüísticas y que por debajo de esas barreras subyace una relación de identidad que se da hasta en signos singularizados" (Milian 74).

Desde la llegada de los españoles a tierra de Tenochtitlán, la duplicidad de valores se fue dando como una consecuencia natural del cruce de culturas. Todo comenzó a multiplicarse por dos; cualquier sujeto contenía –casi– en él mismo su antítesis; significó, entonces que cualquier imagen podía desdoblarse como si en ese intento estuviera implícita su razón de ser. "¿Quién es la Chingada?" Cuestiona Octavio Paz. El concepto de Paz sobre "los hijos de la chingada" tiene su fundamento en el derecho a la búsqueda de la identidad del nacional, porque ésta fue llevada al olvido. La imagen de la Malinche, mito de la mujer traidora, la malvada vendepatria, empezó a imponerse como hecho común aceptado por todos los mexicanos, como un hecho común: "Ante todo, es la Madre. No una Madre de carne y hueso, sino una figura mítica. La Chingada es una de las representaciones mexicanas de la Maternidad [...]es la madre que ha sufrido, metafórica o realmente" (Paz 68) conllevando un acto de sumisión. No era posible cuestionar la realidad sino aceptar el vasallaje como condición, el mundo había cambiado imponiéndose una ruptura, una escisión en aquello que creíamos lo nuestro; a nuestra piedra de los sacrificios se imponía un altar con una cruz. Los valores indígenas habían sido resquebrajados. La fe, el conocimiento, la ciencia, la razón y la pólvora llegaban antecediendo una imagen del hombre blanco que reemplazaba la mítica figura de Quetzalcoatl, el Dios que un día llegaría del mar, por donde aparecieron las naves de Hernán Cortés.

Del mar los vieron llegar
mis hermanos emplumados

eran los hombres malvados
de la profecía esperada.

Sólo la voz de unos cuantos
les opuso resistencia.
Y al mirar correr la sangre
se llenaron de vergüenza,
porque los Dioses no matan
ni gozan con lo robado
y cuando nos dimos cuenta
ya todo estaba acabado.

Con las naves llegaba, también, la anulación del mundo mágico, mítico, de donde las culturas indígenas recibían su fuerza, el sustento de la vida. Los ídolos son negados a partir de entonces como razón de existencia porque eran una mentira que no podía ser sostenida como forma de cultura. Se pensaba que era necesario explicar el mito a la luz de la fe cristiana.

En la película *Tizoc* encontramos el ejemplo invertido del mundo indígena y del poder. "Se cuenta en 'Tizoc' la complicada historia de un indio de la sierra de Oaxaca que se enamora de una mujer que llega al pueblo huyendo de un desengaño amoroso. El novio de la citadina llega a reconstruir su amor y alguien, Tizoc, roba a la mujer y la lleva a una cueva.

Son perseguidos y María es muerta de un flechazo. *Tizoc le arranca la flecha y se mata con ella"* (Tabo 197-98).

El desprendimiento del cordón.

A tres siglos de distancia de la llegada de los conquistadores podía notarse la transformación de un México que comenzaba a determinarse: nuevas clases sociales, nuevos grupos raciales, nueva arquitectura, nuevas artes y, sobre todo, una nueva conciencia, en esta ocasión compartida entre hombres y mujeres que pretendían dar un valor a lo que—quizás—nunca se había dado como razón de existencia: el nacionalismo.

Entre la Malinche que entrega el país a Cortés y Doña Josefa Ortíz de Domínguez (a través de los independentistas de 1810, que buscaban liberar a México del yugo español) el mundo occidental había cambiado y los mexicanos querían construir una nueva Historia, de ahí que la imagen de la contestación personificada en Doña Josefa, dejó la huella que la mujer del siglo precedente habría de tomar como modelo para la Revolución.

La participación de la mujer en la Revolución Mexicana, se convirtió en un mito, dadas las características de sumisión en que siempre había vivido. Se inicia en el movimiento armado como un elemento utilitario jugando el rol de sirviente y objeto sexual, rol repetidamente actuado por María Félix, en la búsqueda de una configuración de la mujer en esta etapa histórica. Pronto habría de convertirse en un ser indispensable que secundaba la imagen de los revolucionarios. Surgen así las figuras de "La Valentina", "La Adelita", "La Marieta", "La Jesusita", "La Cucaracha", como representación de este signo, y a la vez que símbolo, de manera espontánea adquirió una conciencia sobre la existencia y la forma de ser, dentro de un país (comandado por la figura masculina) que buscaba su ubicación dentro de un contexto universal de seres libres. La revolucionaria–cuya imagen real, luego transformada en mito– encontraría a su vez a las revolucionarias del mundo como La Pasionaria, Melina Mercouri, Jane Fonda, etc., en una búsqueda de unión de demanda del reconocimiento igualitario para la imagen femenina en el mundo.esta figura femenina del siglo XX tomó un rumbo diferente en los movimientos armados–desde 1810 hasta 1960, pasando por los períodos de la Revolución Mexicana de 1910, la guerra religiosa de los cristeros de 1926-29 y la Revolución del petróleo en 1938 con Lázaro Cárdenas–y en movimientos de paz, siempre con la consigna del cambio y de la contestación de la imagen pasiva del universo femenino.

La mujer mexicana de la posmodernidad.

Después de la segunda Guerra Mundial, la mujer inicia una participación diferente a través de movimientos intelectuales de protesta en contra de una sociedad caduca y sin una profunda identidad ni de clase ni de sociedad. Según este catálogo de cualidades y defectos obligatorios, el mexicano es, alternativa y simultáneamente: "Bravo, generoso, cruel, engañador, romántico, obsceno, capaz de sacrificar su vida, buen padre de familia y amigo hasta la muerte. Y la mexicana es obediente, seductora, resignada, sirvienta, completamente dedicada a su familia y esclava de sus hijos" [2] (Monsiváis 150).

Aunado al auge económico y a la transformación del modelo de cultura que empezaba a definirse dentro del concepto de cultura moderna, la pequeña burguesía gestó la clase media mexicana, la cual, súbitamente iniciaba su ascenso en la transformación del México de hoy. Esta clase, por razones propias, generó sus necesidades inherentes: un nuevo cine, nuevo teatro, nuevo comportamiento, nueva rebeldía y, como era de esperarse, una nueva literatura que sustentara sus principios y convirtiera el conformismo en ruptura y en protesta constante en lo social y de sus inicios en lo político. Diversas corrientes se gestan y conforman ya las mentalidades de la segunda mitad de nuestro siglo. Aparece *La región más transparente* (1972), de Carlos Fuentes, anatomía de los mitos de la clase media mexicana y el mundo que le toca modificar. En esta novela de transición, la presencia de la mujer es determinante dentro del cuestionamiento social.

María Félix: La imagen de la revolución.

María Félix logra crear una imagen de mujer no-conformista –aunque la sociedad le había asignado su papel de revolucionaria dentro del movimiento armado lo que significaba semánticamente una determinación inferior a la figura del hombre–; en este sentido podría decirse que "La Doña" invierte el papel mismo que la vida real le había asignado. A "La Cucaracha [..] le sigue la serie de películas en las cuales María Félix encarna el único personaje recuperable (la mujer con sicología de cacique) de la Revolución *La Bandida, la Valentina, Juana Gallo, La Generala*" (Monsiváis 146). Los sucesos anteriores confirmaban ya una imagen de mujer en transición, a través de esas conciencias, que al fin crearon un gran bloque con secciones internas sobre y de la vida del universo femenino.

No podía quedar al margen la presencia mítica de María Félix, quien ya para entonces había adquirido una dimensión representativa, del orgullo, la ruptura, y sobre todo, la contestación; acudimos a su consagración como imagen social de trascendencia. Tal parecía que de los orígenes provincianos de una mujer de principios de siglo, rodeada por un mundo y un pasado indígena, sólo quedaban recuerdos de una raza: se trataba de conquistar el mundo, de poseerlo y de vencer a los dioses de la fatalidad. El mito de María Félix, dentro de la nueva concepción barthesiana, se imponía como modelo en un México que poco a poco transformaba su fisonomía y creaba un prototipo de la mujer intelectual nacional acudiendo a otras figuras, igualmente relacionadas con el mito, con la magia y los principios de lo fantástico: Frida Kahlo, María Antonieta Rivas Mercado, Remedios Varo y María Sabina.

María Félix había conquistado la Europa intelectual, habiéndose ubicado como una de las "mujeres eternas" en los sueños de los hombres. Por las características de su imagen, la personalidad de una mujer de belleza poco común en México, sus relaciones con el mundo de la cultura y, de manera especial, la imagen cinematográfica que comienza a desplegarse a nivel internacional, refuerzan su condición femenina. "La mayor revelación de María Félix reside en descubrir la paradoja de su construcción y en transformar la mecánica puesta al desnudo en una renovada magia" (Bradu 43).

Su presencia al lado de Gerard Philippe, Jean Gabin, Francisco Rabal, Jack Palance, Fernando Rey, Yves Montand, Jorge Mistral, Antonio Vilar, Fernando Fernán Gómez y Jean Servais, elevan su potencia de figura en la búsqueda de la confirmación social; el mundo ganaba una estrella que compartía el infinito con Marlene Dietrich, Jean Harlow, Brigitte Bardot, Marilyn Monroe, Sofía Loren, etc., muestra de una voluntad que transformó su historia.

El ejemplo de la presencia de "La Doña" tal vez no es directo, pero se convierte en el principio de admiración y de ejemplo para la mujer mexicana, cumpliéndose así uno de los anhelos de María Félix: "Me gustaría que mis guerras hicieran reflexionar a las mujeres de México […] Me daría por satisfecha si alguna lectora, motivada por mis palabras luchara un poco más de lo que está acostumbrada" (Bradu 43). Muchas fueron las películas que sirvieron para mostrar a María Félix en su ascenso hacia la emancipación y hacia la configuración de un nuevo estereotipo del no-conformismo con el destino y el pre-determinismo: "Ya lo decía Octavio Paz, a propósito de María: la transformación de la realidad en ficción y de la ficción en realidad es el misterio de lo que llamamos un arte; un misterio en el que participan por igual el género y los genes, la voluntad y la imaginación" (Bradu 43).

La segunda mitad de nuestro siglo está más fuertemente cargada de símbolos de la protesta y de la contestación del mexicano, quien entra en una nueva Historia, gracias, entre otros sucesos, a las olimpiadas y a la matanza de manifestantes en la Plaza de las Tres Culturas, en Tlatelolco, en 1968. Y mientras nuestra estrella sube a la cúspide de su coronamiento, el país sienta las bases de la escritura para el otro México, el marginado, el sojuzgado, con una visión hacia el futuro.

Para Riot Bracey, por los prototipos las mujeres: "acceden al derecho común no como individuos sino como mujeres. De allí el reconocimiento formal de una especificidad femenina a nombre de la cual las mujeres son separadas de las reglas de la representación política"[3](43).

La misma idea del mito expresada en las civilizaciones antiguas se hace presente dentro del siglo que acompaña a María Félix; se trata de una concepción aplicada no sólo a la idea de la propia vida, sino a todo lo que concierne una posibilidad de imagen creada o de figura arquetípica, relacionada con la vida común. La figura de nuestro ídolo se encuentra en el cruce de caminos de donde el hombre selecciona los valores esenciales que configuran su mundo: la realidad o el deseo de la fantasía, porque "el mito designa una 'historia verdadera' la cual es grandemente preciosa por lo sagrado [...] este nuevo valor semántico dado al vocablo 'mito' hace de su empleo algo equívoco"[4] (Elíade 11).

En este sentido–de lo real y de lo sacro o fantástico– la imagen de la actriz juega un papel necesario en los momentos del México de los valores encontrados. Este aspecto está comprendido en y dentro de la imagen que intentamos definir para esos momentos: "Comprender la estructura y la función de los mitos en las sociedades tradicionales en cuestión, no es solamente aludir una etapa de la historia del pensamiento humano"[5] (Elíade 12) por lo que nuestra función, entonces, es de complementar el valor semántico de esa figura integrada en un cosmos que por él mismo se explica como valor de mito.

En esta explicación del mito, Mircea Eliade establece las relaciones profundas entre la figura y su consecuencia porque, en virtud de que "establece siempre una relación con una creación, cuenta cómo algo llega a existir"[6] (Elíade 32). Esto da a la figura de María Félix una determinación mayor de su característica de imagen simbólica creada por la misma sociedad a la cual pertenece y en la que se encuentra como eje de la propia aceptación de sus valores.

Insistimos, entonces, en que nuestra figura emerge de ese mundo común a los mexicanos, en donde Quetzalcoatl y la Virgen de Guadalupe se corresponden mutuamente, en donde la mitología prehispánica tiene una continuidad dentro del mestizaje hispano-mexicano. Así surgen nuevos paradigmas míticos –La Llorona, el Nahual (igualmente figura femenina), la casada infiel, por citar sólo unos ejemplos– son decodificados como esa parte propia al hombre de transición entre la primera y la segunda mitad del siglo XX. "El hombre de la sociedad en donde el mito es algo vivo vive [sic] en un mundo 'abierto'aunque 'cifrado' y 'misterioso'. El mundo 'habla'al hombre y, para comprender ese lenguaje, es suficiente conocer los mitos y descifrar los símbolos"[7] (Elíade 177).

El significado así va de la mano entre los valores entendidos como sociales y la nueva simbolización de imágenes con tendencia a permanecer en la conciencia colectiva, del individuo que busca la estratificación de esos valores en la trascendencia de fronteras.María Félix es este vasto y complejo mundo de encuentros y desencuentros. Por un lado, está su posición como figura independiente, social, luchadora por la defensa de los paradigmas propios de la mujer de mundo, internacional –belleza, elegancia, personalidad desenvuelta, inteligencia e intuición–, y por el otro una conciencia dentro de un universo masculino que la cuestiona como mujer: "frente a la mujer presentimos inmediatamente, nosotros los hombres, una criatura que, sobre el plano propio a lo humano es de un rango inferior al nuestro"[8] (Collin 365). Y es aquí, dentro de este universo de contrastes, de donde se desprende esa conciencia de imagen que pretende obedecer las exigencias de la sociedad de su tiempo, y a la vez crear una figura que esta misma sociedad–masculina–ha generado en la búsqueda de autocomplacencia. En una acción social "el rito fuerza al hombre a trascender sus límites, lo obliga a situarse del lado de los dioses y de los héroes míticos, con la finalidad de poder llevar a cabo sus actos" [9] (Elíade 131).

La conciencia mexicana del siglo XX sufre una transformación gradual, lenta, que no es tomada en consideración de inmediato, dadas las propias circunstancias sociales colectivas, entonces "La diferencia de los sexos se encuentra frecuentemente descrita en términos negativos y positivos y no en términos de alteridad, y ella esta totalmente articulada al hombre en relación con el cual la mujer encuentra su posición de complementariedad y de su validez"[10] (Collin 366).

Como esta sociedad ajusta los valores de su realidad, el prototipo de la mujer, en el sentido real, y del mito, en su amplia concepción, establece una diferencia que, a la vez que complementaria, aleja las posibilidades de encuentros con el mundo cotidiano de los individuos. Ello va a significar que las instancias de la masculinidad separen aún más lo que el siglo XIX ya había ratificado como conducta intergenérica: la guerra de los sexos. Ante esta declaración definida de valores, María Félix reacciona con la conciencia de la mujer que ha comprendido su papel en sociedad, y de su imagen en transición hacia otros universos cuestionando las relaciones humanas: "Examinando los roles respectivos de hombres y mujeres, o más precisamente de lo masculino y lo femenino, en la civilización. Scheler subraya que las mujeres recuerdan y defienden, por medio de su experiencia específica, una dimensión esencial que la aventura de la dominación tecnológica corre el riesgo de comprometer y comprometió ya. "Es lo femenino en efecto quien es el depositario de lo que defiende Scheler, 'la 'simpatía'que alimenta las relaciones de los hombres entre ellos y con el mundo, a través de las formas variadas del amor, de la sexualidad, de la procreación"[11] (Collin 367). No porque se trate de ver en la figura mítica de nuestra actriz una posición feminista, sino porque se debe entender que en el mundo de los valores individuales que plantea esa sociedad de cambio, la mujer requiere otros espacios, otros tratamientos que están más relacionados con una visión más completa del universo femenino. En ese sentido es válido cuestionarse acerca de las estructuras propias de la feminidad, las cuales se encuentran siempre en función de la masculinidad. Cualquiera que sea la posición del mexicano, la razón de la existencia de las diferencias sociales marcadas por el universo masculino, define las relaciones que en el futuro inmediato marcan las acciones de nuestro personaje, al verse confrontado con su yo más inmediato a través de la figura del otro, que la determinan de manera definitiva:

La interpelación por el otro que sitúa a todo "yo" fuera de sí. Y el otro es de entrada y siempre el Otro, el "absoutamente otro", inapropiable, incluso por la comprensión. La aparición de su rostro abre un espacio disimétrico, de él a mí. Ahora bien, si él es absolutamente otro, si él se me escapa, no es en razón de sus características propias, sino por su misma existencia, irreducible a todo "común denominador"[12] (Collin 390).

En este caso, dentro de la relación mito-sociedad, es donde vamos a encontrar la mayor parte del razonamiento, o de la justificación, de la acción de nuestra estrella, porque es en su relación con el mundo exterior –con El Otro, con lo otro– en donde se define, con seguridad, una acción que desarrollará conforme su propia figura se lo exige; la figura que ella devela en diversos planos y sentidos –como la nueva mujer mexicana de la primera mitad del siglo XX– intenta ubicarse en el mundo de los valores de siempre, en un contexto de todos, de los demás. Ella ubica su pasado histórico a la búsqueda de un presente proyectándose hacia el porvenir. En este tiempo sitúa sus paradigmas temporales: la Historia, tradiciones, mitos y demás valores internos de una sociedad que se busca en su propia encrucijada. Y no es porque el universo de la mujer así lo haya deseado, sino porque la propia causalidad histórica de tiempo y espacio ha desprendido esa figura importante de la sociedad en virtud de que "La cultura arcaica gravita en torno a los mitos, y estos últimos son continuamente reinterpretados y profundizados por los especialistas de lo sagrado; la sociedad en su conjunto está conducida hacia los valores y las significaciones descubiertas y llevadas por esos cuantos individuos"[13] (Elíade 183).

Se puede entender fácilmente que el papel interpretado por la imagen –o las imágenes– de María Félix, son parte de un ícono a diversas interpretaciones: por un lado su imagen social, por el otro la de una mujer a la conquista de la totalidad de los espacios sociales, además de la figura de una nación que pasa de una conciencia indígeno-mítica a la valorización de la propuesta de la modernidad. María Félix, con su inserción dentro de la cinematografía europea, comprende que "Gracias a la cultura, un universo religioso desacralizado y una mitología desmitificada han formado y nutrido a la civilización occidental, la única civilización que logró convertirse en ejemplo. Hay en ello más que un triunfo del logos contra el mito"[14] (Elíade 195). Si a esta concepción del mundo, según la nueva conciencia de la actriz, sumamos los movimientos de reivindicación social que el universo femenino comienza a demandar, y aún cuando ella no participa jamás en él, la transformación de una conciencia colectiva surge contra un mundo de estereotipos femeninos.

Las concordancias o las diferencias entre los dos aspectos que tratamos de explicarnos en este paréntesis –el mito y la realidad social de María Félix– no forman una dicotomía sino una sola línea dentro de la cual siempre accionó en su esfuerzo de imagen internacional, de mujer mexicana, sin que por ello pierda sus orígenes. Por un lado el mito de artista, querida, establecida y reforzada por las sociedades de su tiempo la pintan como una imagen de talla fuera de lo común, es decir: una Diosa sin fronteras. Por otra parte, ella encuentra a la Mujer, esa que se siente y se muestra universal a través de sus luchas sociales (en la vida cotidiana), histórica (a través de su encuentro con personajes de la Historia de México: Agustín Lara, Jorge Negrete...) y sexual (en la confirmación de su calidad de Ser en un mundo comandado por hombres). Eso representa que este eje del mundo la conocerá en toda su grandiosidad, ya que "[ella] descubre la necesidad de una lucha común entre otras luchas revolucionarias, la cual debe ser la primera de ellas. Le sucede a veces de hacer surgir la hipótesis de un aporte científico de las mujeres al mundo, esta especificidad resultante no de su naturaleza sino de su posición histórica"[15] (Collin 396).

Eso indica, sin duda que, más es pensada, más es exaltada como imagen femenina porque: "Yendo más lejos de los límites corporales es mejor dar la importancia al ser humano pensando que la mujer se puede convertir en sujeto [...] La libertad se afirma a partir de una situación a la cual ella escapa"[16] (Collin 395). Eso podría indicar una confusión de conceptos, entre dos nociones que implican dos paralelismos. No obstante María Félix será siempre considerada como una figura mítica en el dominio del arquetipo nacional. "Ciertos 'comportamientos míticos' sobreviven aún ante nuestra sorpresa. No que se trate de 'sobrevivencias' de una mentalidad arcaica, sino que ciertos aspectos y funciones del pensamiento mítico constituyen el ser humano"[17] (Elíade 223). Su rabia por triunfar, su deseo de cambiar su historia de "mujer común", el comportamiento del nuevo siglo mexicano y de su compromiso de natural de ser nacional (al cual nunca ha renunciado a pesar del mundo machista que la tomó siempre como un hermoso objeto sensual, útil a los hombres) reforzaron su visión de la realidad con relación al pasado a través de la visión del mundo contemporáneo. "Se trata entonces de afirmar la realidad específica positiva –y no relativa– de las mujeres, de medir su propio espacio tanto en el terreno del placer como en el de la cultura"[18] (Collin 396-97).

Literatura escrita por mujeres: el parto doloroso del pensamiento.

Con una generación de mujeres nacidas aproximadamente en los años 30, México descubre otro rostro hacia fines de los años 60 y, con una fuerza hasta entonces poco conocida, se afirma en las décadas de los años 70 a los 90. La literatura mexicana es el nuevo barómetro social, que trata, más que de reflejar la sociedad y todo lo que conlleva, de profundizar en el "eso" que es el espíritu del mexicano de fin de siglo, hasta entonces poco cuestionado por la voz femenina. La literatura mexicana escrita por mujeres aspira a convertirse en un poliedro de cristal, un espejo de la sociedad que la describa y la analice como una manera de hacerla más suya, de poseerla por entero y poder penetrar en su renovación. Las voces de las escritoras mexicanas forman parte de esa pirámide en construcción: el retrato de la sociedad, la denuncia con sus propias voces, el muestreo de fragmentos de vida a través de encuentros y desencuentros, el resquebrajamiento de esta sociedad de hombres en donde las voces femeninas se guardan.

El texto de Laura Esquivel, *Como agua para chocolate* (1992), no nace de una simple inspiración, sino de una experiencia profunda de reflexión en torno a la sumisión de la mujer. Esta novela soporta sobre sí la carga semántica de una mujer provinciana en el transcurrir de la historia de México. Los mitos y la magia acompañan a la novela en una visión que pretende ser un resumen del comportamiento de una conciencia entre aniquilada y desvalida para erguirse como una suma de las aspiraciones por encontrar otra razón de ser, distinta y sin condiciones dogmáticas. A *Como agua...* se le une la voz de Ángeles Mastretta en una experiencia similar del nacimiento de un pensamiento transformado por las debilidades de la sociedad pre y pos-revolucionaria.

La Historia de México es uno de los principales actores de ficción, en *Arráncame la vida*, cuyos valores se relativizan al contacto con su entorno. La mirada, el silencio escrutador y, al final, la palabra decidida de Catalina Ascencio, personaje principal, dan a la novela el sentido de verosimilitud, dentro de la realidad modificadora y puesta en crisis de la concepción de la mujer en la política. Nuestras escritoras nos devuelven la confianza sobre la capacidad de cambio dentro de un universo asfixiante del México de fin de siglo. Estas escritoras parecen decirnos que en el siglo XX no sólo se ha reivindicado el rol social, sino de manera particular, la literatura mexicana escrita por mujeres, ha mostrado el verdadero rostro de la decadencia modernista de nuestro tiempo, la agonía de la supremacía del macho, para dar paso a esta presencia hasta entonces vivida como mito de la falta de alternativas más humanas. María Félix tenía mucho tiempo de haber trascendido esa concepción de la vida.

Ante esta "revolución" surgió el ideal de la elevación y reconsideraciones del indígena. Con ello, y también en forma reivindicadora, surgió la literatura indígena en las voces de las principales representantes de lenguas o lenguajes autóctonos que demandaban su ubicación en el plano del arte literario, con una consigna de denuncia y propuesta de reformulación de la sociedad. Si la comunidad femenina urbana era superexplotada, la vida para el indígena en las montañas o en la selva lo reducía a un papel de casi animalidad; se adoptaba y ponía en práctica el refrán que dice: "el mejor indio es el indio muerto". La literatura indígena de mujeres –como un ejemplo posible y verificable– modificó, con mucho, al hombre de la calle, al dar una dimensión del autóctono y su superioridad en concepciones de la vida. La recuperación de la tradición oral, las costumbres, el rescate de las lenguas, trajo como consecuencia el volver los ojos a la comunidad, sus leyendas, ritos y mitos. Con ello no se daba fin al sojuzgamiento de la mujer pero sí se acercaba a una significación diferente del concepto de ser nacional, de mujer con voz frente al mundo. El tránsito de la mujer femenina en el presente siglo modificó sus valores al contacto con una sociedad móvil en permanente cambio, en constante cuestionamiento sobre la realidad y el poder.

María Félix: la plenitud de su esencia.

En la opinión de Fabienne Bradu si imagináramos el mito de María Félix como una casa, ésta tendría, al menos, tres plantas: en la primera se escenifican su vida personal y su carrera cinematográfica; en la segunda la encarnación histórica de una época: "Yo no soy únicamente yo, soy la imagen de mi nación"; en la tercera, que es la más elevada y tiene unas ventanas abiertas al cielo, la "mujer de lujo" que habita obsesivamente el inconsciente colectivo.

Y mientras el universo de la mujer mexicana va adquiriendo su fisonomía, agregando valores, creando lenguajes, resquebrajando barreras, la historia de nuestra estrella se perfila como un hecho de logro dentro de una nueva realidad. "Curioso caso en el que la realidad se va ajustando al proyecto y la mentira se hace primero leyenda y luego realidad. Las películas de María la mienten o la exageran, la falsean y la hacen ridícula en ocasiones, pero cada paso de la estrella es un paso hacia adelante, superando a la mala película, dejando a un lado al cine para modelar su propia mitología" (Taibo 13). Esta mujer nacida durante la revolución –hecho paradójico que conforma una personalidad, un destino–, es la ilusión que llega configurando lo que a los ojos de los idólatras consideran una diosa:

> Cuando María llega al cine mexicano parece como si el panorama fuera el más adecuado para que una mujer de su tipo hiciera un aparición sensacional [porque] faltaba la mujer que negara la servidumbre tradicional y folklórica de México, faltaba la belleza agresiva, la acción desprejuiciada. El hueco era tan manifiesto que parecía estar llamando a una nueva presencia que no se vislumbraba, María se fue haciendo rápidamente a la idea de que esa ausencia sólo podía ser cubierta por un sola persona: ella misma. Por lo pronto venía armada con una voluntad y un sentido profundo del desafío... (Taibo 13).

Y por el otro lado, la transición de formas de pensar y de actuar de la mujer de México que se busca en su encrucijada, reencontrando sus valores, adjurando la falsedad del entorno, afirmando la fuerza del débil, en quien no confiábamos podría cambiar su historia. Las mujeres mexicanas, de la cual María Félix es una clara representatividad, forman parte de una conciencia distinta, universal. Hoy la igualdad de sexos es evidente, pero la mujer, hoy, es más mujer, es decir...

Como en México la noción de magia y verdad conviven armoniosamente, son una razón del ser nacional, así hemos puesto en práctica estos hechos, a través de dos vidas paralelas donde las mismas imágenes se unen y se confunden: María Félix y la mujer del México de hoy. María Félix, el mito y la realidad, llegó. Así llegarán como hoy lo hacen esas voces de los pueblos en la profundidad de su origen para no cuestionar más ni tratar de convencer a nadie sobre el nuevo papel que la mujer intenta asumir. Se trata ahora de enfrentar el compromiso con la historia, para ubicarnos en lo definitivo en lo real circundante, alcanzando al mito más allá de su propia objetividad y concreción en una voz liberada y eterna. Ya no más cantos de sirena.

Notas

[1] Gabino Palomares. *La maldición de Malinche.* Canción popular.

[2] Las traducciones al español son del autor.

[3] "Par la parité, les femmes accèdent au droit commun non comme individus mais en tant que femmes. Exclues de la loi commune au nom d'une différence de nature, les femmes acquièrent le pouvoir politique à partir de cette différence".

[4] "... le mythe désigne une "histoire vraie" et, qui plus est, hautement précieuse parce que sacrée [...] cette nouvelle valeur sémantique accordée au vocable 'mythe' rend son emploi assez équivoque".

[5] "Comprendre la structure et la fonction des mythes dans les sociétés traditionnelles en cause, ce n'est pas seulement élucider une étape dans l'histoire de la pensée humaine».

[6] "Le mythe se rapporte toujours à une 'création', il raconta comment quelque chose est venu à l'existence".

[7] "L'homme des sociétés ou le mythe es chose vivante vit [sic] dans un monde 'ouvert' bien que 'chiffré' et 'mystérieux'. Le monde 'parle' a l'homme et, pour comprendre ce langage, il suffit de connaître les mythes et de déchiffrer les symboles".

[8] "En présence de la femme, nous pressentons immédiatement, nous autres les hommes, une créature qui, sur le plan propre a l'humanité est d'un rang vital inférieur au notre."

[9] "Le rite force l'homme de transcender ses limites, l'oblige à se situer auprès des Dieux et des Héros mythiques, afin de pouvoir accomplir leurs actes".

[10] "La différence des sexes y est souvent décrite en termes de moins et de plus et non en termes de altérité, et elle est toute entière articulée a l'homme par rapport auquel la femme trouve sa position de complémentarité et de faire valoir".

[11] "C'est le féminin en effet qui est le dépositaire de ce que défende Scheler: la 'sympathie' qui alimente le rapport des hommes entre eux et au monde, a travers les formes variées de l'amour, de la sexualité, de la procréation".

[12] "L'interpellation par l'autre qui met tout 'je' hors de soi. Et l'autre est d'emblée et toujours l'Autre, le 'tout autre', inappropriable, même par la compréhension. L'apparition de son visage ouvre un espace dissymétrique, de lui a moi. Or, s'il est tout autre, s'il m'échappe, ce n'est pas en raison de caractéristiques propres, mais par son existence même, irréductible a tout 'commun dénominateur'".

[13] "...La culture archaïque gravite autour des mythes, et que ces derniers sont continuellement réinterprétés et approfondis par les spécialistes du sacré, la société dans son ensemble est entraînée ver les valeurs et les significations découvertes et véhiculées par ces quelques individus".

[14] "Grâce a la culture, un univers religieux désacralisé et une mythologie démythisée ont formé et nourri la civilisation occidentale, la seule civilisation qui ait réussi à devenir exemplaire. Il y a la plus qu'un triomphe du logos contre le mythes".

[15] "Simone de Beauvoir [...] elle découvre la nécessité d'une lutte commune parmi d'autres luttes révolutionnaires, et qui doit être la première d'entre elles. Il lui arrive même d'émettre l'hypothèse d'un apport scientifique des femmes au monde, cette spécificité résultant non de leur nature mais de leur position historique".

[16] "[...] en surmontant ce donné corporel plutôt qu'en s'y accordant que l'être humain et en l'occurrence la femme peut devenir sujet. La liberté s'affirme a partir d'une situation a laquelle elle échappe".

[17] "Certains 'comportements mythiques' survivent encore sous nos yeux. Non qu'il s'agisse de 'survivances' d'une mentalité archaïque, mais certains aspects et fonctions de la pensée mythique sont constitutifs de l'être humain".

Obras citadas

Bradu, Fabienne, *María Félix. Todas mis guerras*, Enrique Krauze, ed. (*Vuelta* 216 México, D. F. 1993): 42.

Collin, Françoise, "Diffrénce et differend", *Histoires des femmes en occident*, Francoise Thébaud, ed. (Paris, Perrin, 2002): 361-401.

Milián, Domingo, "La perspectiva comparatista", *Hacia una historia de la literatura latinoamericana*, Ana Pizarro, comp. (El Colegio de México. México 1987): 66-84.

Monsiváis, Carlos, *Mythologies* Paranagua. Paulo Antonio, ed. (Le cinema mexicain. Centre Georges Pompidou. París, 1992).

Paz, Octavio, *El laberinto de la soledad* (Fondo de Cultura Económica. México, 1959).

Riot-Sarcey, Michelle. *Histoire du feminism* (Paris : La Découverte, 2002).

TABO, Francisco I., *Maria Felix. 47 pasos por el cine.* (Joaquín Mortiz, México 1985): 190-203.

De la construcción cultural de los iconos religiosos y Sor Juana Inés de la Cruz

María Auxiliadora Alvarez
Universidad de Miami, Ohio

Como *rara avis in terris* en la historia de la colonia, la imagen de Sor Juana Inés de la Cruz (1651-1695) representa un vistoso y exótico emblema del Barroco americano. ¿En cuál o cuáles categorías podría ser clasificado este icono multifacético de Sor Juana? Los eruditos relacionan a la religiosa intelectual con la poesía barroca del Nuevo Mundo, con el ansia del saber, y con la agencia femenina del siglo XVII. Pero en el ámbito del conocimiento popular, la imagen prevaleciente de Sor Juana Inés de la Cruz es la religiosa. La *imagen parlante* de Sor Juana ha circulado profusamente en pinturas, escudos, litografías, estampas, monedas y billetes, y ha terminado por integrarse a un proceso popular de *quasi* sacralización. Con la entrada en la era de la reproducción masiva, la imagen de Sor Juana Inés de la Cruz ha superado en popularidad a todos los santos de la colonia. Sus famosos retratos, analogados con el decorrer del tiempo a las imágenes de San Martín de Porres y Santa Rosa de Lima, se han inscrito paulatinamente en la simbología del misticismo latinoamericano. Este estudio sobre la monja jerónima aborda algunos aspectos relacionados con la construcción cultural de los iconos religiosos, entre ellos, la función del arte sagrado, la necesidad de estereotipos o modelos que encarnen los ideales de los discursos de identidad, y la manipulación de la historia por los intereses ideológicos. Penetrar el recinto de esta dinámica nos ha permitido vislumbrar algunas de las profundas ironías que han otorgado fijeza e inmovilidad a la idea de la espiritualidad de Sor Juana Inés de la Cruz en el imaginario colectivo.

El arte imbuído de religión posee un poder extrapolado inmanente a su relación con lo sagrado. Al ubicar una idea u objeto artístico en una galería de arte sacro se asegura de algún modo su ingreso en el reino de lo atemporal. Es así como las vírgenes bizantinas, por ejemplo, llegan a nosotros intactas e inseparadas de su historicidad. El concepto del aura, en tanto que autenticación, de Walter Benjamin, se adecúa al arte sacro como anillo al dedo, propiciando en algunos casos que esta estética sagrada, aún más resplandenciente, se convierta en una especie de lo que Baudrillard denominó "prótesis publicitaria." En el arte imbuído de religión, el poder del aura de la "prótesis publicitaria" se encuentra repotenciado por la legitimación moral. Según Jean Baudrillard, vivimos en un mundo de simulacros triunfantes o vergonzantes, donde "el arte [también] es un simulacro, pero un simulacro que [antes] tenía el poder de la ilusión," nótese aquí el empleo de Baudrillard del tiempo pasado: "Nuestra simulación por el contrario ya no vive sino del vértigo de los modelos, lo cual es enteramente diferente. El arte era un simulacro dramático en el que estaban en juego la ilusión y la realidad del mundo, y hoy no es más que una prótesis estética [...] El barroco también fue una gran época de la simulación, del simulacro, obsesionada por la muerte y el artificio" (51). Arte, artificios y artefactos se funden en el Barroco americano aunados por el terror de la muerte y el ansia de inmortalidad. El deseo de perpetuar glorias pasadas y legitimizar emblemas propios frente a modelos extranjeros aporta a la historia por venir un conjunto de figuras inmóviles y congeladas.

Todos los retratos de Sor Juana Inés de la Cruz son de una insólita belleza y poseen un encanto poderosamente cautivante. En total son siete originales que datan del siglo XVIII (posteriores a la muerte de Sor Juana), y resultan entre sí tan similares que parecen calcos. Más tarde sin embargo nos ocuparemos de estas magníficas obras de arte y de sus autores. Por ahora nos referiremos exclusivamente a la persona de Sor Juana y no a su imagen (¿o personaje?), porque ya en los albores del siglo XXI la experiencia estética, con todos sus placeres e intensidades incorporados, se encuentra desgajada de la significación moral. Los retratos de Sor Juana han transitado la historia en forma separada de su obra, produciendo el fenómeno, quizá no tan particular, de que la obra ha quedado supeditada a la academia o los especialistas, y los retratos han quedado circulando entre un público muy ecléctico. Así pues Sor Juana se convirtió naturalmente en un enigma y en un fetiche a la misma vez.

De una forma más lógica es posible suponer que este fenómeno haya sucedido en el orden contrario, puesto que ver o admirar el retrato de una enigmática imagen en un rincón misterioso que invita al recogimiento, no cuesta nada; lo difícil es dedicarle el estudio, el tiempo y la atención que exige la compleja escritura que produjo esa quieta imagen del retrato para ser apreciada o comprendida. Al decir de la reconocida sorjuanista Georgina Sabat de Rivers, Sor Juana Inés es la última gran poeta en nuestra lengua descendiente en línea directa de los clásicos, de Dante y Petrarca, y de Garcilaso y Boscán, hasta Calderón de la Barca (403). Luego de un exquisito y detallado estudio sobre la poesía amorosa de Sor Juana, Sabat de Rivers concluye que esta monja jerónima de la colonia novohispana "encumbró la poesía a niveles casi imposibles de superar" (445).

¿Qué hay de la vida real de este ser de capacidades intelectuales extraordinarias que fue Sor Juana Inés de la Cruz? ¿Cómo fue el mundo en que vivió? ¿Qué escribió? ¿Fue acaso santa? ¿Fue mística? ¿Fue igual a Santa Teresa de Jesús? Estas preguntas y muchas más rodean el misterio de Sor Juana Inés de la Cruz en el ámbito popular. Pero Sor Juana no fue una monja tradicional, no fue un ser simple, ni fue un ser de oración. Fue una mujer intelectual nacida en una encrucijada de la historia donde su presencia causó mucha incomodidad. De allí que la maquinaria de la cultura la haya dividido en una suerte de fragmentos dispersos para incorporarla a la historia patriarcal de forma fraccionada: su prosa, su poesía, su feminismo, su rebeldía, su hábito, su prodigio, su inteligencia, han recorrido sendas distantes y separadas como las partículas de una explosión.

La pequeña Juana de Asbaje y Ramírez de Santillana, venida al mundo al borde de un volcán, se inscribe para la posteridad con otro nombre más simple pero más sonoro y mucho más religioso: Sor Juana Inés de la Cruz. Un nombre muy similar al del místico más grande de la lengua española, San Juan de la Cruz (1542-1591). Aunque ninguno de estos dos nombres fue completamente verdadero (el nombre de San Juan de la Cruz era Juan de Yepes) la coincidencia es muy significativa desde el punto de vista de la cultura auditiva, aquella dinámica que incorpora vocabulario e informacion a oídos incluso desatentos, relacionando, asociando y almacenando, con o sin percepción consciente. Estos dos nombres de semejanza casi idéntica: San Juan de la Cruz y Sor Juana Inés de la Cruz, poseen muy rápidas analogías fonéticas y semánticas. Nótese la intensa similitud de los morfemas "San" y "Sor", de los genéricos "Juan" y "Juana", y del sufijo compartido "de la Cruz."

San Juan vive y muere aproximadamente cien años antes que Sor Juana, y la publicación de su obra poético-mística comienza en 1618, es decir, que muy probablemente Sor Juana, viviendo y leyendo en la segunda mitad de ese mismo siglo, pudo conocerla y admirarla. Ambas personas coincidieron en ser religiosas y poetas a la vez y en la misma lengua, aunque hayan poseído muy distintas tendencias, y hayan producido muy distintos resultados por esta razón. Sin embargo, la variedad de coincidencias compartidas, como la amplia fama, los nombres casi idénticos, los siglos muy cercanos, la misma lengua y la misma profesión, podrían ser quizá suficientes para producir una especie de paralelismo o (con)fusión en el imaginario colectivo.

Sor Juana habita una época en que el poder político se halla compartido entre la iglesia y la corte, el patrono eclesiástico es el Virrey, y la teología puede funcionar como revestimiento de la agencia monacal. El convento, ocupando un lugar intermedio entre ambos universos, es un espacio permeado por fuerzas políticas, religiosas, sociales, morales e intelectuales (des)encontradas. En este ambiente se produce de forma natural el violento impacto público de una escritora religiosa, e ilustrísima personalidad, justificando intelectualmente su cuestionada vida espiritual (*Carta a Sor Filotea de la Cruz*). Esta es una muestra muy elocuente del concepto de la unión de los contrarios tan propio de la edad barroca. Sin embargo, el gran aporte de Sor Juana para la historia es de orden intelectual y no religioso.

El halo de idolatría que envuelve a una Sor Juana aún viva apunta al blanco de sus extraordinarias facultades intelectuales, no al blanco de sus intereses espirituales. Sus profundos quehaceres fueron literarios y filosóficos. Aunque sabemos que la retórica de la falsa modestia es propia de la escritura del Barroco, en su famosa Petición "legal" de perdón al Tribunal Divino, con fecha de febrero de 1694, Sor Juana declara abiertamente, y sin ningún ornamento literario de automenosprecio, que "ha tantos años que yo vivo en religión no sólo sin religión, sino peor que pudiera un pagano" (Reproducción completa de la *Petición* en Xirau 169). Por otro lado, a lo largo de su obra poética, "*nunca* hace la menor alusión a su estado religioso" (Paz 368). El malentendido que trastoca las categorías intelectuales y místicas después de su muerte se inicia quizá con la propia muerte de Sor Juana, que aunque fue natural (de peste colectiva), ocurrió como cierre a un período de graves represiones públicas, y prohibiciones privadas, por parte de la institución eclesiástica hacia ella, cuyo talento fue considerado arrogante. De cierta manera Sor Juana dejó este mundo en calidad de mártir. Mártir de la inteligencia, han dicho algunos, pero mártir al fin.

Valores agregados al malentendido histórico entre los aportes de la inteligencia y los aportes de la fe que catapultaron a Sor Juana para el porvenir en el pedestal equivocado, pueden considerarse: el ruido que produjo la iglesia y la controversia nacida por la publicación de la *Crisis de un Sermón* o *Carta Atenagórica*; la afrenta que padeció la monja a manos de su antiguo mentor, el obispo de Puebla, Manuel Fernández de Santa Cruz; el intenso dolor autobiográfico de la *Respuesta*; el rechazo de Aguiar y Seijas hacia la monja por respaldar a Vieyra; las críticas de su confesor Núñez de Miranda; y la extensa producción de reverberante literatura "hagiográfica" que todos estos sucesos crearon a partir de allí. Finalmente, pero no en último lugar de importancia en esta transpapelación, debe tenerse muy en cuenta la parcializada "colaboración" del padre Diego

Calleja, sacerdote jesuíta amigo de Sor Juana, quien en 1700 publica en Madrid la primera biografía (más bien hagiografía) de la ya famosa monja jerónima, donde primero recrimina paternalmente a la díscola poeta, para luego hacer hincapié en su conversión final y total a la fe de la iglesia. Este punto de la supuesta conversión también hizo "sonar" mucho a Sor Juana en su momento, y posteriormente creó una fuerte oposición entre sus críticos. Algunos críticos católicos como Méndez Plancarte y Pfandl pensaron que la humildad de su silencio final fue una indudable sumisión a la fe; otros más pensaron que fue una dolorosa renuncia a su intelectualidad que implicó una muerte moral muy precoz. Nosotros estamos de acuerdo con la segunda posibilidad.

Como preámbulo al estudio de la disociación que ocurre en la recepción de la persona y la recepción de la obra de Sor Juana Inés de la Cruz en los anales de la historia, valga acotar que la fama de Sor Juana se propagó aún en vida de la monja a España, Perú, y Nueva Granada. Se sumó a este hecho su nutrida amistad y correspondencia con conocidos poetas e intelectuales de la época. Los aplausos y los elogios sobre Sor Juana cobraron fuerza con las ediciones de su obra iniciadas el 17 de noviembre de 1689 al aparecer *Inundación Castálida* en Madrid. Luego fue publicada con simultaneidad la *Carta Atenagórica* en Sevilla y Puebla (1691), seguida por el *Segundo Volumen* de su obra en Madrid (1692). El *Tercer Volumen* apareció también en Madrid en 1700. De forma inmediata a la primera publicación, los epítetos elogiosos y los panegíricos estallaron al unísono, convirtiendo a Sor Juana en una especie de ídolo. Resulta irónico recordar ahora que la monja que mereció los más encomiables elogios de forma internacional se autodenominara como "Yo, la peor del mundo" (*Obra Selecta* 523), aunque aquí sí cabría suponer contradicha tan honda modestia por el uso de la mayúscula en el pronombre personal. Escritores como Góngora y Calderón de la Barca no ostentaron ni en sus retratos ni en sus libros (aparecidos en la misma época) onomásticos similares a los de Sor Juana Inés de la Cruz. Esta exagerada distinción también describe la condescendencia patriarcal que consideraba a Sor Juana una excepción dentro de su género. Entre los elogios recordamos: *única poetisa americana, décima musa, dézima acrostica, Azucena,* y muy especialmente, *gran señora muy discreta y apasionada de la poesía.* Existen otras recopilaciones bastante completas de epítetos sorjuanistas como ésta de Sara Poot Herrera:

> glorioso honor del museo mexicano, venerable poetisa, Mexicano Fénix de la Poesía, Fénix de México, Americana fénix, brillante sol, inestimable tesoro, docta en las ciencias, grande en las facultades, ilustre mujer, ejemplar de mujeres ilustres, clarín en la fama, sentencioso oráculo, capacisíma e ilustrísima mente, (…)

delicadísimo numen, sabia mexicana, Unica Musa, Musa Décima, Unica poetisa, numen prodigioso, monstruo de las mujeres, prodigiosa mujer, perla, sabia, portento americano... (21).

Mientras tanto, como una sombra de desgracia, la censura del control eclesiástico sobre la escritura sorjuanista se ocupaba de enturbiar estos diáfanos cristales, acusando el desmedro de las preocupaciones religiosas de Sor Juana a favor de las mundanas. Casi inmediatamente, y como una respuesta a la condena del clero, el mundo que tanto aclamaba su poesía, la olvidó durante un siglo entero (desde 1725 hasta la tercera década del siglo XIX), cuando comenzó muy lentamente a recordarla otra vez. La crítica histórica de la escritora se inaugura con Marcelino Menéndez y Pelayo en 1893 (Arroyo 160), y de allí en adelante Sor Juana cobra fuerza indetenible en todas las esferas hasta recuperar todos sus magníficos epítetos y convertirse de nuevo en fénix, leyenda, mito, espejismo, símbolo patrio, dinero contante y sonante. Su esfinge grabada recorrería las décadas siguientes de mano en mano convertida en monedas y billetes de mil pesos antiguos, hasta acomodarse en billetes de 200 pesos nuevos para el año de 1995 (Scott 430). Todavía en el ámbito de los críticos y ensayistas de principios y mediados del siglo XX, es posible percibir una suerte de enamoramiento o embelesamiento hacia Sor Juana, entre ellos, Menéndez y Pelayo (1911), Amado Nervo (1910 y 1928), Pedro Salinas (1940); Henríquez Ureña (1914 y 1945) Karl Vosser (1946), Alfonso Reyes (1948), y Méndez Plancarte (1951). En 1982 sin embargo, emergieron profundas controversias con respecto a la *única musa* versus "la peor de todas" a raíz del contundente y desmitificante estudio de Octavio Paz, *Sor Juana Inés de la cruz o Las trampas de la fe.*

Paz, que había empezado este libro en forma de breve ensayo en 1950, y que ya había publicado un trabajo sobre la poesía de Sor Juana en 1957 que destilaba total admiración y devoción, anunciaba ahora insólitas extravagancias sobre la monja escritora, como por ejemplo que "no consultaba fuentes originales" (213); que poseía "un saber fantasmal, una especulación vacía" (339); que "sus paráfrasis eran copias casi literales" (219). Agregaba que esta poeta escribía casi exclusivamente "por ocasión" y "por encargo", motivada únicamente por su deseo de contemporizar con los virreyes, a fin de convertirlos en padrinos y protectores. Paz declaraba también que la ansiedad de conocimiento había sido el hilo conductor de la existencia de Sor Juana, y que ningún vestigio de la más simple o sencilla espiritualidad había aparecido jamás bajo el perfil de un intelecto frío y ambicioso.

Nosotros nos aventuramos a estimar, sin desmerecer este serio trabajo de exhaustiva investigación, que Paz pareció haber sucumbido también en él a las trampas de la fe, puesto que al intentar deshacer "la leyenda que contaminó la historia" (91) el autor ahondó más profundamente en ella, gracias a triviales preocupaciones sobre los supuestos amores de Sor Juana con las virreinas, o el determinismo fatal de su destino signado por la pobreza, la bastardía y la orfandad.

Resulta tan prolijo el desmantelamiento de la imagen de Sor Juana en este grueso tomo de *Las trampas*, abigarrado por otro lado con profusos comentarios sobre la reciente edición de Menéndez Plancarte de las *Obras Completas de Sor Juana*, y otros más en abundancia sobre Sigüenza y Góngora, que finalmente el *Ave Fénix* semeja aquí apenas un llamativo y colorido pretexto para la profunda intervención de Paz en la historia del Nuevo México. El objetivo verdadero del Nobel autor pareció ser el de demoler las obsoletas ideas sobre la vida religiosa en el siglo XVII, y destruir de paso los mitos creados por los urgentes apremios de la identidad nacional. Dado el prestigio intelectual de Paz, cabe suponer que haya emprendido esta titánica tarea aterrado por "la pérdida de realidad que resulta de la adicción a las imágenes" (Bürger 111). Otras opiniones sobre el tema de la fe en Sor Juana divergen ampliamente de Paz, como las de Darío Puccini en su documentado estudio *Una mujer en soledad, Sor Juana Inés de la Cruz, una excepción en la cultura y la literatura barroca*: "Siempre he creído en la sinceridad de la fe de Sor Juana" (8).

Con antelación al tratamiento de este conflicto entre la razón y la fe en Sor Juana Inés de la Cruz que ha dividido las opiniones de sus críticos más acuciosos, y que nos ocupa de forma central en este tema sobre la iconografía religioso-intelectual de Sor Juana, hemos de referirnos brevemente a la diferencia entre la mística y la espiritualidad, y a la distancia que media entre las vidas religiosas y los caminos espirituales, con el fin de recordar los parámetros que acostumbraron a definir la vida de una religiosa desde el punto de vista tradicional, y la formación de los conventos en la Nueva España.

Un camino espiritual es un recorrido que realiza un individuo en su búsqueda de perfección espiritual y de acercamiento a Dios. Un camino espiritual no es sin embargo un camino religioso como pudiera pensarse a simple vista, porque este último pudiera denominar al desarrollo de la materia espiritual sin atender a la estructura de una doctrina. Pero en sentido contrario, un camino religioso no puede prescindir del trabajo del espíritu porque los dogmas de la religión necesitan de la adherencia humana para dar frutos. El acendramiento del interés espiritual conlleva una vivencia mucho más profunda en el individuo que se acerca entonces a la mística, palabra que deviene del vocablo *mystikon* o misterio, y que implica una dedicación aún más delicada a los asuntos del alma y a la comprensión de Dios.

Por estas razones, los desiertos del mundo se encontraron transitados desde tiempos inmemoriales por silenciosos ascetas y andariegos, ermitaños en ayunas que lograban alcanzar altísimos grados de elevación espiritual y corporal. Así también los conventos y monasterios se constituyeron en espacios virtuales de santificación, donde las personas religiosas, espirituales o místicas, se retiraban para llevar una vida separada del mundo, sin otro compromiso que el de su elevación espiritual. Y aunque también había vida social y económica en estas reclusiones conventuales, se estimaba que al momento de profesar, los religiosos o las religiosas contraían un compromiso perpetuo con Dios, aunando votos de pobreza, obediencia y castidad.

Por otro lado, y debido a las aglomeraciones de personas conviviendo juntas por tan largos períodos de tiempo, las abadías y conventos se convirtieron también en especies de instituciones que poseían normas legales y comerciales para regir, a la par de la conducción espiritual, las vidas recluídas. Desde el punto de vista de la entidad social, el convento sirvió muchas veces para dar cobijo moral a viudas, huérfanas, o personas desgajadas por algún motivo de la comunidad social. Estas personas debían cubrir (a veces a través de donaciones) la gruesa dote que la comunidad conventual exigía para su ingreso, y entonces abrazaban la vida de la congregación sin otro escrúpulo que el de sobrevivir. Esta población, flotante primero y resguardada después, estaba conformada principalmente por el género femenino por razones relacionadas nuevamente con el sistema patriarcal: una mujer sin padre, sin hermano o sin esposo confrontaba serias dificultades para sobrevivir; una mujer independiente de criterio, o reacia al matrimonio, también. Ahora bien, con vocación o sin vocación, la nueva religiosa debía obedecer hasta la muerte las normas de la comunidad eclesiástica que la había acogido. Esta comunidad se encontraba regida no sólo por las leyes propias y la jerarquía interna de cada congregación, sino por los confesores, el clero, los obispos, los arzobispos, el Papa, y toda la estructura legal e ideológica de la iglesia.

En la Nueva España del siglo XVII existían catorce conventos distribuídos entre México, Puebla, Oaxaca, Guadalajara, el Valle de Atrisco y Michoacán (Lavrin 36). En algunos de estos conventos convivían a veces más de quinientas personas. Luego de las monjas y las novicias, se encontraban las niñas que se criaban allí, "las donadas", y las sirvientas (de dos a cinco por cada monja dependiendo de su jerarquía). Las celdas eran propiedades privadas tan grandes como apartamentos, con cocinas, oratorios, bibliotecas y comodidades para la vida social. Los conventos participaban activamente en la vida pública de la comunidad y las fiestas religiosas y palaciegas. Dada la subyugación de la sociedad novohispana a la maquinaria de la cultura patriarcal, resultaba imposible medir el número de las profesas con genuina vocación espiritual insertas la comunidad religiosa. Tanto como hoy, traer a colación tema tan comprometedor podría constituir una verdadera temeridad. Sin embargo, Sor Juana Inés de la Cruz confesó de forma pública y explícita a los cuarenta años (23 años después de haber profesado y cuatro años antes de morir), su carencia de vocación religiosa, ennumerando los motivos que la llevaron a ingresar como novicia a los diecisiete años de edad, primero con la carmelitas descalzas y poco después con las jerónimas. He aquí sus palabras:

> Entréme religiosa, porque aunque conocía que tenía el estado cosas (de las accesorias hablo, no de las formales), muchas repugnantes a mi genio, con todo, para la total negación que tenía al matrimonio, era lo menos desproporcionado y lo más decente que podía elegir en materia de la seguridad que deseaba para mi salvación (*Respuesta* 446).

No podemos saber con exactitud a qué tipo de "salvación" quiso referirse Sor Juana, y aunque pudiera referirse a una "salvación" sobrenatural como sería lógico suponer en una sociedad católica, la monja más bien pareciera referirse a algún tipo de protección mundana, por cuanto conjuga la "salvación" necesitada con adjetivos como "desproporcionado" o "decente". Darío Puccini retoma de Ricard la explicación sobre el termino *salut,* que significaba para la época "salvación" o "seguridad" indistintamente (20).

Las diferencias que pueden mediar entre una vida realmente religiosa y una vida intelectual solapada bajo una apariencia religiosa, llevan implícitos ciertos riesgos inmanentes a la confrontación de la espiritualidad femenina con el sistema patriarcal: si por un lado, la aceptación incondicional de la ley eclesiástica podría convertirse en una forma de yugo intelectual en la Nueva España del siglo XVII; por otro, el esfuerzo invertido en el desafio a esta ley *quasi* todopoderosa podría beneficiar el progreso intelectual pero obstaculizar el desarrollo espiritual. Y aunque siempre resulta muy difícil separar las razones entre la inteligencia y la fe, en el caso específico de la problemática de Sor Juana, sabemos que en el ambiente tomista en que ella vivió se consideraba necesario que la inteligencia hiciera parte de la búsqueda de Dios. Hay que recordar que algunas vías ascéticas aspiran a la cercanía de Dios a través de la inteligencia (Santo Tomas de Aquino), mientras que otras vías anhelan la perfección a través del amor (Santa Teresa de Jesús o San Juan de la Cruz).

A nuestro modo de ver, el punto que se refiere a la pugna entre el intelecto de Sor Juana y su espiritualidad, representa uno de los aspectos más importantes en el nudo neurálgico que ha transtornado la significación de Sor Juana en el ámbito colectivo. La aparente dicotomía externa de la monja ha semejado, aunque no haya sido cierta, una fractura de identidad. En el intento de separar la espiritualidad de la intelectualidad de Sor Juana a través del análisis de su imagen, es posible comprobar que el estereotipo o modelo de heroína del retrato no se inclina claramente hacia un lado de la balanza o hacia el otro: hay libros atrás, pero hay un hábito adelante. Este doble discurso despliega una escisión definitiva entre el mundo de la apariencias (que ella tanto criticó) y el mundo real: Sor Juana es una escritora, pero lleva un traje de monja-virgen-santa; o a la inversa, es una monja-virgen-santa, que escribe muy bien. En este sentido Santa Teresa representa una convergencia aún más puntual que la de San Juan, porque la asociación de una monja escritora con otra monja escritora constituye un modo tal vez más pertinente de subsanar la escisión: Santa Teresa de Jesús, que es monja escritora, es santa y es mística; por lo tanto, Sor Juana, que también es monja y escritora, debe también ser santa y ser mística (o por lo menos en camino a la canonización). La vistosa contrapartida de la exquisita especie en el Nuevo Mundo. Solamente los pacientes lectores de ambas obras podrían haberse librado del falso silogismo.

Nadie aspira a aprehender los pensamientos de los religiosos debajo de los hábitos (recordar que un hábito es un emblema y el emblema posee una legitimación moral), a menos que se emprenda un estudio formal y que existan fuentes fidedignas de acceso a sus pensamientos. Una de estas fuentes puede estar constituída por textos o escritos autobiográficos, en los felices casos en que existan. Y es a través de estos escritos entonces como resulta posible diferenciar entre una escritura mística y otra simplemente religiosa, una sagrada u otra secular, una secular u otra profana, etc. Hay que subrayar además la existencia de no pocos casos en que estas fuentes resultan subvertoras y detonantes de falsos emblemas o artefactos culturales. A nivel colectivo sin embargo, la intimidad con la historia acaece mayormente a través de la cultura visual.

Dentro de este discurso visual de las ideas, independientes tantas veces de los conceptos de donde se nutren, se encuentran los retratos de Sor Juana. Estos siete retratos se encuentran hoy en día repartidos entre México y España, tres en cada país, y uno en el Museo de Arte de Filadelfia, EEUU;

Iconos Femeninos Latinos

en cinco de ellos Sor Juana está de pie, y en los otros dos está sentada; todos fueron ejecutados después de la muerte de la soror (entre los más conocidos está el de Miguel Cabrera (1750); el de Juan de Miranda (1713), que se encuentra ahora en la Rectoría de la UNAM; el de Fray Miguel de Herrera (1732; y el de Andrés de Islas (1772). Por el extremo parecido que hay entre todos estos retratos, se ha considerado la posibilidad de que Juan de Miranda haya conocido a Sor Juana en vida, y que sus dos retratos (uno de Sor Juana de pie, y otro de la monja sentada que se ha perdido) hayan sido la base de los otros retratos que les siguieron.

Creemos que estos retratos (y sus múltiples reproducciones en todos los tamaños) han colaborado sobremanera a la transformación de la imagen de la monja poeta en figura alegórica de la mística colonial, impidiendo además un conocimiento más profundo de otras figuras realmente místicas de la colonia como lo fueron San Martín de Porres, Santa Rosa de Lima, o la Madre Castillo de Colombia. Sor Juana sin embargo no está sola en esta desvirtuación histórica que al parecer resulta muy común, "numerosos casos hay en la historia colonial de personajes a quienes la mentalidad popular transformó en santos, aunque no hubiesen sido canonizados por la institución eclesiástica" (Glantz 212). Quizá se trate del mismo proceso mental, simbólico o iconográfico, que funda el realismo mágico. Del mundo de las imágenes nace la memoria y la retórica del Barroco.

Según el "teatro de la memoria" de la tradición clásica (renovada en el Renacimiento), y el rescate del uso de la imagen a partir del Concilio de Trento (1554), las obras pictóricas del siglo XVII poseían la calidad de emblema, con fundamento didáctico y argumento moral. "En arte, el siglo XVII es la época en que se manifiesta la unión de los sentidos con el pensamiento" (Carullo 42). La imágenes se constituyeron en retratos psicológicos, y los autorretratos dieron vuelo a las autobiografías. En el arte del retrato bajo el control de la iglesia, debía considerarse el fin último del *individuo* (noción agudizada durante el siglo), el cual consistía únicamente en alcanzar la salvación. El sujeto retratado también alcanzó de esta manera en el siglo XVII su punto más cercano a la eternidad.

Dado que sólo el hecho de realizar el retrato comprobaba la importancia y celebridad del individuo retratado, el arte del retrato utilizaba las mismas convenciones para religiosos y para laicos. De este modo, los retratos de los santos (que a la iglesia no le gustaban porque los consideraba fuentes de vanidad y amor propio) se ejecutaban bajo los mismos esquemas que los retratos de los escritores famosos. La simbología o iconografía se hallaba mezclada: el detalle de la mano sobre el libro abierto, por ejemplo, se repite en algunos retratos de cuerpo entero de Santo Tomás de Aquino, de

San Jerónimo, y de Sor Juana Inés de la Cruz. Retratos sin embargo de Luis de Góngora y Calderón de la Barca contienen solamente el rostro o el busto. En los retratos de Sor Juana sin embargo, hay detalles muy puntuales que los distinguen de los retratos de los escritores, pero los relacionan con imágenes pintadas del clero masculino que convivió en el Nuevo Mundo con ella, como Manuel Fernández de Santa Cruz y Antonio Núñez de Miranda, como los textos identificatorios (y elogiosos) de las personas y de las obras a los lados de las figuras, los cuales se hallan ausentes en los retratos de los escritores.

Mención aparte merece el medallón con escenas bíblicas pictográficas que se encuentra indefectiblemente en todos los retratos de Sor Juana, siempre ubicado rás con rás debajo de su mandíbula, ni un centímetro más ni un centímetro menos. Este medallón de forma ovalada hace las veces de un segundo rostro de dimensiones levemente más amplias que el rostro original. El gran camafeo semeja un espejo que contradice, agrega, o suplanta información. Los medallones que llevan otras monjas jerónimas en la misma época se encuentran situados en el centro del pecho, y resultan, en tamaño, más de dos veces menores al de Sor Juana.

La toca de la cabeza de Sor Juana también tiene otro formato en la frente, y a diferencia de otras monjas jerónimas retratadas (Reproducciones del INAH en Xirau 139), los brazos de Sor Juana se encuentran siempre envueltos en un ancho y caudaloso manto blanco que cuelga a ambos lados como en las imágenes de la Virgen María. Quizá no resulte del todo descabellado rastrear (en otro trabajo) algunas conexiones sincréticas entre esta simbología y Tonantzin, la deidad prehispánica femenina transfigurada luego en la Virgen de Guadalupe, patrona de México.

De rostro menos severo en el óleo de Miguel Cabrera, Sor Juana aparece en el primer plano de todos los retratos inserta en una teatralidad muy pertinente a la época: plumas, pergaminos, y estanterías con grandes libros, algunos de su autoría. Valga acotar que a veces aparecen tres tomos apilados de la obra sorjuanista, cuando para el momento de la ilustración solamente habían sido editados uno ó dos. Por otro lado, la solemnidad de la actitud y el atavío completo de la monja remiten más a la vanidad cortesana que a la austeridad religiosa, aportando para la historia un poderoso estereotipo a medio camino entre el intelecto y la mística. Como único vestigio de la humildad de su condición de esposa de Cristo, un largo rosario de enormes cuentas recorre la franja oscura y delantera del hábito de Sor Juana, al igual que sus recatadas compañeras de congregación.

Algunos estudiosos consideran que Sor Juana también se dedicó a la pintura, pero no se poseen pruebas suficientemente convincentes para comprobar esta suposición. Lo que sí hubo en la monja artista fue una pasión por la forma y los elementos visuales o pictográficos. Estos emergen en profusión de los retratos literarios que realizó sobre otras personas, y de sus propios autorretratos también literarios. Encontramos algunos velados ejemplos en la poetización biográfica sobre Santa Catarina (cuya personalidad y biografía era tan similar a la suya propia); y en otros de forma mas explícita como el famoso Soneto 145, escrito para "desmentir los elogios que a un retrato de la Poetisa escribió la verdad, que llama pasión":

> Este, que ves, engaño colorido,
> que del arte ostentando los primores,
> con falsos silogismos de colores
> es cauteloso engaño del sentido;
> este, en quien la lisonja ha pretendido
> excusar de los años los horrores
> y venciendo del tiempo los rigores
> triunfar de la vejez y del olvido,
> es un vano artificio del cuidado,
> es una flor al viento delicada,
> es un resguardo inútil para el hado:
> es una necia diligencia errada,
> es un afán caduco y bien mirado,
> es cadáver, es polvo, es sombra, es nada (*Obra selecta* 83).

En este poema la voz poética desprecia la falsedad del mundo de las apariencias: "engaño colorido", incluyendo la inutilidad de la adulación y los elogios, como leemos en el siguiente verso: "este, en quien la lisonja ha pretendido/ excusar de los años los horrores". Luego pondera sobre la fatalidad del paso del tiempo: "venciendo del tiempo los rigores/ triunfar de la vejez y del olvido"; y finaliza haciendo una paráfrasis del famoso verso quevediano para ironizar sobre "la necia diligencia del cuerpo" con la idea de lo efímero.

Otros ejemplos de la pasión de Sor Juana por las apariencias los encontramos en varios autorretratos de hablantes poéticos, o en algunos personajes seudo ficticios (¿con rasgos autobiográficos?), como este de Doña Leonor en la comedia *Los empeños de una casa*,

> Decirte que nací hermosa
> presumo que es excusado
> pues lo atestiguan tus ojos

y lo prueban mis trabajos (*Obra selecta* 239-40).

En esta estrofa aparece un interlocutor que merece el esfuerzo vanidoso del sujeto poético detrás de la belleza. En el siguiente ejemplo, el hablante poético parece establecer una irreconciabilidad muy lamentable entre la belleza, la riqueza, y la felicidad femeninas, según las palabras del personaje de Eco (el demonio), en el Auto Sacramental *El divino Narciso*:

> Eco soy. La más rica
> pastora de estos valles;
> bella decir pudieron
> mis infelicidades (*Obra selecta* 385).

En la lírica de estos versos que hemos señalado es posible observar una profunda contradicción con respecto al mundo de las formas y al mundo metafísico. Si por un lado se evidencia un esfuerzo sostenido por separar el valor moral del estético e insistir en la supremacia del primero sobre el segundo, por otro, el recuento del mundo físico con sus particularidades bellas y vanas, continúa a emerger de la misma pluma con frecuencia pasmosa. Pareciera sin embargo, que siempre hubo sinceridad en la escritura de Sor Juana, sinceridad no exenta de conflictos, contradicciones, y dicotomías.

En otros ámbitos por ejemplo, que no el artístico, las palabras de Sor Juana se escuchan verdaderamente tristes y patéticas, como en su Petición final de perdón al Tribunal de la Justicia Divina. Pero de cualquier modo, el componente más fuerte de su naturaleza interna parece haber sido el racional. En el anuncio mortuorio de la Décima Musa relatado por el cronista Presb. Antonio de Robles el 17 de abril de 1695 (quien usualmente consignaba los logros alcanzados por los occisos en vida), no se hace referencia alguna a los actos de fe o la naturaleza piadosa de Sor Juana, sino a la "insigne mujer en todas sus facultades y admirable poeta." (Del *Diario de sucesos notables* 1665-1703, transcrito por Bravo Arriaga 108).

Las noticias de Robles eran verídicas, y aunque sacerdotes y prelados se encargaban minuciosamente de que todos los sucesos relacionados con la fe quedaran fielmente consignados, a veces las noticias dejaban mucho que desear. Entonces los intereses ideológicos se encargaban de decorar la realidad, pues todas las ideologías poseen un fundamento pedagógico. La religión cristiana fue un instrumento de colonización, y las letras indígenas debían reflejar el éxito de la gesta ideológica, ratificando su supuesta consagración al cristianismo. Los representantes de la iglesia consideraron entonces impío el talento verbal de Sor Juana, una pagana ya cristianizada que aún intercalaba vocablos de la lengua náuhatl en sus escritos, que no dedicaba toda su producción a los frutos de su conversión, y que no hacía honor a la gesta de cristianización todavía muy apreciada desde la *metrópoli*. Para agravar la situación, y según las costumbres literarias del siglo XVII, las letras humanas debían recorrer sendas separadas a las divinas, de modo que la profusa escritura secular y gongorina de Sor Juana incrementaba la constante provocación hacia sus superiores. Esta costumbre literaria en apariencia inofensiva, se repotenció en la Nueva España por el transfondo político.

Por otra parte el ejercicio de la inteligencia en la esfera pública se consideraba un privilegio de la *metrópoli* (no estaba tan lejos en la memoria de la Península el litigio entre Las Casas y Sepúlveda sobre la supuesta inferioridad del americano); y también el hecho de escribir se consideraba una prebenda del género masculino. Así que Sor Juana había inflingido de forma simultánea los límites de varias leyes y "debía" ser punida, como de hecho lo fue en la diatriba final de su vida con el Obispo Fernández de Santa Cruz, y en todas las nefastas consecuencias que esta injusta dialéctica le ocasionó. Sin embargo, e irónicamente, Sor Juana quedó "decorada" para la posteridad con los aditamentos de la fe de una institución que en vida la rechazó. Su paso por el convento había demostrado paradójicamente la agencia de su libertad, y su legado para la historia había demostrado también que todos los sistemas son susceptibles de ser subvertidos. Sor Juana había retado la autoridad de la iglesia, había usado su celda de biblioteca en lugar de oratorio, había recorrido un camino intelectual dentro de un "empaque" espiritual, y se había situado en lugar de honor en los manuales de literatura, casi tan honrosos como los de mística. Pero en la feroz pugna entre la razón y la fe que tan largamente atormentó a Sor Juana, la religiosa hasta el último momento escogió la razón, y la posteridad la escogió a ella como estandarte de la fe.

Develados los misterios del palacio y del convento, del púlpito y la cátedra, y desgarrada la teología como máscara de la política, no queda sino el misterio de la máscara misma:

> Vive, sin que el tiempo ingrato
> te desluzca; y goza, igual,
> Perfección de Original
> y duración de retrato (Redondilla 89).

El icono se relaciona con la inmortalidad por su condición de signo y porque representa un instante paralizado y resistente a la velocidad desdibujante del tiempo. Un icono religioso produce la densidad emocional de una imagen sagrada por la que "recordamos todos los prototipos y somos conducidos ante ellos" (Segundo Concilio de Nicea, *Magistero Pontificio*), un icono en este caso es un microtemplo. Pero el templo de Sor Juana fue su biblioteca, y su biblioteca fue su espejo: "En Juana Inés la función de los espejos y los retratos es para ella también una filosofía y una moral. Por un proceso análogo al de la lectura, que convierte a la realidad en signos, ... el espejo y su doble, son un teatro donde se opera la metamofosis del mirar en saber. Un saber que es, para la sensibilidad barroca, un saber desengañado" (Paz 123).

Imágenes, reflejos, iconos, máscaras y fetiches constituyen la mercancía menor de la historia, el menudo sobrante de una epistemología hecha de retazos, de fragmentos accidentales entretejidos en el mismo lienzo. En las orillas proliferan arabescos decorativos unificando representaciones hilvanadas por la semiótica del azar: héroes y bandidos, santos y paganos, falsificadores y profetas yacen amalgamados en un tapiz de matices superpuestos, mostrando los brillos y las cegueras de la configuración simbólica de la historia. Detrás de todo esto se escucha la maquinaria del poder económico, político y religioso, derramando encubridores pigmentos ideológicos impermeables al tiempo.

Del caso de la (re)finada imagen de Juana de Asbaje y Ramírez, circulando solitaria con su traje de monja y su gran medallón bíblico por la memoria colectiva durante los últimos tres siglos, rezuman inmensas ironías. Quizá la más evidente consista en la desvirtuación eclesiástica de la agencia intelectual de Sor Juana para forzar su inclusión en la historia como icono religioso. La construcción y el mantenimiento de la imagen religiosa de Sor Juana ha anulado el acto más radical de su conciencia, y ha invalidado el aporte de la subversión religiosa de la monja a favor de su intelecto.

Con respecto al valioso aporte de Sor Juana Inés de la Cruz en defensa de la mujer, hoy llamada la causa feminista, hay que lamentar que a pesar de los enormes esfuerzos que realizó tan brillante pensadora para que la mujer pudiera ingresar en la esfera pública de la producción intelectual del siglo XVII, el universo masculino que la rodeó celebró su propia capacidad como una excepción dentro de su género, y esta recepción se ha mantenido tan intacta en la historia de la literatura hispánica que se ha convertido en un lugar común. Sor Juana fue una excepción dentro del género humano, no solamente del femenino. Aunque nada más lejos de la trascendencia espiritual que la escritura sorjuanista (incluso a pesar de sus complejos análisis teológicos, pues la teología es el estudio de Dios a través del *logos*, produciendo un saber teológico que no es experiencial como en la mística). Pero en la circunstancia de que la imagen popular prevaleciente de Sor

Juana haya sido o sea la religiosa como ha sido nuestra percepción, los esfuerzos de la escritora por rescatar el derecho del ser femenino a ejercer su inteligencia, no su piedad, han parecido desvanecerse (sin que, por otro lado, estas categorías de la fe y la inteligencia sean consideradas excluyentes entre sí).

Y finalmente, la popularidad de los retratos de Sor Juana equiparados a los santos de la época, ha dependido de los arbitrarios andamiajes de la cultura visual, encargados de erigir o demoler monumentos en las plazas (senti)mentales e ideológicas. Estos artefactos de ilusión óptica se encuentran irónicamente en un terreno diametralmente opuesto a la combativa aunque contradictoria idea de Sor Juana sobre el mundo de las apariencias, que fue el que finalmente la condenó.

Obras citadas

Arroyo, Anita, *Razón y pasión de Sor Juana* (Méjico: Editorial Porrúa, 1980).

Baudrillard, Jean, *La ilusión y desilusión estéticas* (Caracas: Monte Ávila Editores, 1997).

Bravo Arriaga, María Dolores, "Signos religiosos y géneros literarios en el discurso del poder", *Sor Juana y su mundo* (Méjico: Universidad del Claustro de Sor Juana, 1995).

Bürger, Peter, *Theory of the Avant-Garde* (Minneapolis: University of Minnesota Press, 1996).

Carullo, Sylvia Graciela, *El retrato literario en Sor Juana Inés de la Cruz* (New York: Peter Lang Publishing, 1991).

Cuadernos de Sor Juana, Compilación de Margarita Peña (Méjico: UNAM: 1995).

De la Cruz, Sor Juana, *Respuesta a Sor Filotea de la Cruz.* L. Ortega Galindo, ed. (Madrid: Editorial Nacional, 1978).

Glantz, Margo, "El discurso religioso y sus políticas", *Sor Juana y su mundo* (Méjico: Universidad del Claustro de Sor Juana, 1995).

Lavrin, Asunción, "Vida conventual: rasgos históricos", *Sor Juana y su mundo* (Méjico: Universidad del Claustro de Sor Juana, 1995).

Magistero pontificio. (Rome: II Edicione Intratex CT. Eulogos, 2005).

Sabat de Rivers, Georgina, "Veintiún sonetos de Sor Juana y su casuística del amor" (*Sor Juana y su mundo* (Méjico: Universidad del Claustro de Sor Juana, 1995).

Scott, Nina, "Imágenes de Sor Juana." *Sor Juana Inés de la Cruz y el pensamiento Novohispano* (Méjico: Universidad Autónoma del Estado de México, 1995).

Sor Juana Inés de la Cruz. Obra selecta. Luis Sainz de Medrano, ed. (Barcelona: Planeta, 1987).

Obras Escogidas, Sor Juana Inés de la Cruz. Selección de Pedro Henríquez Ureña (Méjico: Universidad Autónoma de México/Espasa-Escalpe Mexicana, 1959).

Paz, Octavio, *Sor Juana Inés de la Cruz o Las trampas de la fe* (España: Seix Barral,   1982.

Poot Herrera, Sara, "Sor Juana y su mundo, tres siglos después", *Sor Juana y su mundo* (Méjico: Universidad del Claustro de Sor Juana, 1995).

Puccini, Darío, *Una mujer en soledad, Sor Juana Inés de la Cruz, una excepción en la cultura y la literatura barroca* (Méjico: Fondo de Cultura Económica, 1999).

Xirau, Ramón, *Genio y figura de Sor Juana Inés de la Cruz* (Buenos Aires: Editorial   Universitaria, 1967).

María Lionza: El icono femenino como signo cultural

Edith Dimo

California State University, Northridge.

Una de las manifestaciones socio-religiosas más preponderantes dentro de la cultura venezolana se concretiza en el culto a María Lionza, considerada por la colectividad como la diosa de la naturaleza, de la fertilidad y de las aguas. María Lionza representa la dualidad religiosa que formula el esquema sincrético de iconos divinos, deidades índígenas y negras, santos católicos y espíritus populares que conforman el imaginario colectivo y que da paso a una continuidad simbólica la cual se construye en base a una prolija elaboración del icono femenino.

Similar a otros cultos religiosos de origen africano e índígena y en especial, a aquéllos presentes en el área del Caribe, tales como el Vodu Haitiano, el Changó, los mitos de Abakú, la Macumba, la Regla de Osha,[1] etc., el mito de María Lionza, afianza la evolución histórica-social de esta región y destaca la espiritualidad que une todos los niveles de raza, clase y género de la sociedad. La diosa así, representa para el pueblo una madre benévola, quien desde antes de los tiempos de los Conquistadores, ha protegido a todo aquel que lo necesite (indios, negros, mulatos, blancos, y otros).

El culto, tiene su origen en la región centro-norte de Venezuela, en el estado Yaracuy, específicamente en las montañas de Sorte y Quiballo, en Chivacoa, y Agua Blanca, en Acarigua, Estado Portuguesa. Los rituales que aquí toman lugar son dirigidos por los denominados "Bancos" o maestros de ceremonias quienes son los encargados de asistir a ciertas personas elegidas, llamadas "Mediums" las cuales reciben generalmente a aquellos espíritus que en vida hicieron el bien.[2]

La diversidad étnica de estos espíritus representa todo un fenómeno heterogéneo cultural que simboliza el mestizaje como una significación preexistente en esta región, y que persiste, como elemento de unión y fuerza entre los asedios al culto. En el plano jerárquico, la Reina María Lionza se ubica en un nivel superior junto al Cacique Guaicaipuro, indígena que luchó fieramente en contra de los españoles en el valle de Caracas, y el Negro Felipe, considerado como el único negro en el ejército del Libertador, Simón Bolívar. A los integrantes de esta trilogía se los considera los guardianes de la montaña. Este trío es también llamado las "tres potencias" las cuales son invocadas para cualquier tipo de solución: el trabajo, la envidia, la enfermedad, el amor y otros problemas. A un nivel secundario, se ubican las Cortes que contribuyen a establecer la coherencia de fe y lealtad de los integrantes del culto. De ahí que existan seis cortes bien definidas aunque haya una variación de acuerdo a las clasificaciones. He aquí algunas: La Corte India, (integrada por María Lionza, las reinas y varios caciques); la Corte de los Juanes, formada por figuras populares (Juan del Camino, del Desespero, del Río, etc.); la Corte Médica (Dr. José Gregorio Hernández y otros); la Corte de los Autores (presidida por Andrés Bello); la Corte Negra (guiada por la negra Matea y el Negro Primero), y por ultimo, la Corte Celestial compuesta por varios santos católicos.

Estas cortes, según el antropólogo Gustavo Martín, "no son fijas y se modifican en su composición y número" (163). Así, tenemos por ejemplo, que existe similarmente una Corte Histórica que alberga la figura de Simón Bolívar, y otros héroes tales como José Antonio Sucre, Páez, y el Negro Primero. Desde el punto de vista histórico-social, la imagen de El Libertador cumple una función de "medium" de poder, que a nivel del inconsciente colectivo, simboliza la nostalgia por un pasado utópico y el deseo de liberación y "cohesión social". Es de advertir, que en la construcción del imaginario colectivo, la presencia de la historia y la política es un fenómeno vital cuya fuente inspiracional hace uso del culto a María Lionza con el fin de enfrentar la realidad psíquica y social presente. Por otra parte, esta mezcla de supervivencia y "religiosidad mágica", representa a un nivel cultural un sólido componente de la identidad colectiva. En otras palabras, la trascendencia simbólica de María Lionza, proyecta la estrecha convivencia y solidaridad de un pueblo, que mediante el ritual híbrido del proceso cultista, expresa sus anhelos, frustraciones y sueños a través del diálogo comunicativo del cuerpo "como escenario".[3]

Dentro del encuadre de la procedencia del mito, existen innumerables versiones acerca de su naturaleza, tarea casi imposible de exponer enteramente en este estudio, por lo cual, solo citaremos algunas. Entre ellas, la versión más popular refiere a la presencia antes de la Conquista,[4] de una india de ojos verdes, perteneciente a la tribu de los caquetíos, llamada Yara y quien fue bautizada María del Prado de la Talavera de Nivar. La leyenda cuenta que el cacique Yaracuy, la mandó a las montañas para salvarla,y que allí se la veía deambular por los bosques, montada en una onza o tapir hembra. De ahí tomó el nombre de María de la Onza, que luego pasó a María Lionza. Este mito coincide con el de otras versiones dadas por algunos de los investigadores más importantes de este culto (Gilberto Antolínez, Francisco Tamayo, Angelina Pollak-Eltz, Santos Erminy Arismendi, Jacqueline Clarac de Briceño, Garmendia y otros). En su estudio, ellos destacan el hecho de que la Diosa protectora, Reina de la montaña de Sorte, fue una linda joven indígena llamada Yara (que significa agua), la cual fue raptada por una serpiente anaconda que se enamoró de ella, tragándola. Como consecuencia, el animal recibió su castigo de parte de los espíritus de la montaña, hinchándose y provocando una inundación que mató a los indios. La serpiente explotó, pereciendo también. El resultado fue la aparición de Yara, a quien los indios eligieron como su diosa, y que luego se convirtió en dueña de los bosques y de la naturaleza. A la llegada de los españoles, la religion católica modificó la leyenda de Yara, cristianizando a la diosa con el nombre de la Virgen de Nuestra Señora María de la Onza del Prado de Talavera de Nivar.

Aparte de las varias versiones acerca de María Lionza, un análisis profundo ubica a esta figura femenina más allá del símbolo mítico. Según Beatriz Veit-Tané, sacerdotista del culto, la fuerza de la diosa yace en sus poderes de curación y predicción. Lionza misma fue sacerdotista de su tribu y se le aparecía a los indígenas montada en una onza. Veit-Tané explica:

Quiero referirme a la Reina María Lionza de Sorte, esa misma que está rodeada de las más fantásticas leyendas, esa que fue India caquetía, dotada de una gran belleza física y de facultades mediúmnicas. Quiero decir que tenía poderes para curar y predecir. Practicaba un rito que data desde el comienzo de la fundación de América, dicho rito tenía un nombre esotérico, ella actuaba como sacerdotisa siendo la hija del cacique de su tribu, tenía un nombre aborígen que fue cambiado por los catequizadores, por el de "María", pero la distinguía la Onza, como siempre se manifestaba a los indígenas, a quien siempre amó. Y a quien el padre le da facultades, le concede también el más bello de los dones: Un gran amor por la humanidad… María Lionza sintió amor por su raza; por eso al ver que su tribu era entregada a los conquistadores, huyó a la montaña. Tildada de bruja y loca fue destruida por su propia raza. Todos los que vienen a cumplir una misión de humanidad tienen igual destino. Los destruye la misma fuerza por la cual luchan. Y es así, como a veces comienza la leyenda o el mito (citado en Martín 115).

Es de interés comentar que el iniciador sobre los estudios del mito de

María Lionza le corresponde a Gilberto Antolínez, considerado como el fundador del indigenismo en Venezuela. En el año de 1937, Antolínez dio a conocer la primera versión del mito en la *Revista Guarura* y en testimonios orales recopilados por Fedérico Quiróz. Para el"investigador libre", las características del magnetismo indígena, la flora, fauna, y simbología astral se observan en los estados Lara, Falcón y Norte de Portuguesa, diferente al de Yaracuy, donde se acentúa la influencia africana "nacida de los negros de las minas de Aroa y de los esclavos que traían de Curazao para trabajar en las haciendas" (citado en Díaz 128).

En cuanto al sincretismo existente en los rituales del mito de María Lionza, y desde el punto de vista femenino, cabe mencionar la relación de la diosa con la Virgen María y todas las vírgenes de la religión católica. De esta construcción vívida del imaginario colectivo, surge la analogía, y muchas veces, la sustitución de un símbolo por otro. María Lionza puede ser la Virgen María así como otras representantes del catolicismo (Virgen de la Coromoto, Altagracia, Del Valle, de la Pastora, Chiquinquirá, Fátima, Guadalupe, etc.). La diosa se convierte de este modo, en icono femenino que simboliza la heterogeneidad cultural y el mestizaje proyectado a través de otros iconos que representan las tres razas componentes de nuestra cultura: la indígena, la blanca y la negra. De ahí que, el icono de Lionza simbolizado en las vírgenes, adquiera expresión y adopte la figura de la Madre dolorosa, simbología femenina de lo abnegado y del sacrificio por los otros. Intermediaria ante Dios de los seres humanos, ella cumple la función maternal de aceptar, consolar y proteger a los necesitados. La ofrenda hacia la virgen así también, va dirigida hacia la diosa. Se establece por lo tanto, y como lo indica Clarac de Briceño: "una confusión entre la Virgen María y la diosa india" por medio de la cual se le rinde tributo a las dos representadas en una imagen unitaria cuyo reflejo interpone los rasgos físicos de una y de la otra. A esto refiere la antropóloga:

> Pude comprobar la confusión que existe entre la Virgen María y la diosa india: en algunos lugares sagrados demasiado públicos, como por ejemplo en el altar situado a la orilla de la carretera Panamericana, en el estado Yaracuy, entre Valencia y Nirgua, los choferes de taxis, autobuses y camiones de carga se han parado durante muchos años para prenderle velas a María Lionza y beber de la fuente bendita. Un día, la Iglesia hizo instalar, en lugar de la diosa, una estatua de la Virgen María. Pues bien, los fieles siguen parándose en este lugar y prenden velas a la estatua actual. Interrogué a muchos de ellos: unos dijeron que se trataba de la Virgen, otros de María Lionza; algunos no supieron decidirse entre ambas, y parecieron pensar que se trataba del mismopersonaje.

Muchos conductores me contaron cómo, habiéndose accidentado de noche en la carretera, fueron milagrosamente socorridos por "la Reina". Una sacerdotista me afirmó además que se había dado a la estatua de la Virgen de Coromoto (Patrona de Venezuela) los rasgos físicos de María Lionza (Martín 154-155).

Asimismo, resulta interesante notar que la versión española del mito de María Lionza refiere a ésta, como hija de españoles, de raza blanca, pero reina de los indios. De acuerdo a Gustavo Martín, una de las versiones del origen de la diosa indica que en uno de los documentos del siglo XVI, hallados en el estado Lara, se revela la presencia durante la Conquista de una mujer española muy rica que era dueña de una gran hacienda de café, la cual ella donó al convento de San Francisco de Barquisimeto. Esta hacienda hoy, está situada en el cerro de María Lionza (Norte). Se dice que la mujer en cuestión, mantenía en lugares subterráneos, onzas de oro cerca del cerro y que "vivió rodeada intencionalmente de misterios y leyendas terroríficas" (Martín 149).[5] Con el tiempo, la versión católica del mito lionzano la intercambia con la de la Virgen de la Coromoto, considerada la patrona de Venezuela. Subsiste así, en el imaginario cultural venezolano esta veneración a la virgen que cobró más auge durante la dictadura de Marcos Pérez Jiménez quien le adjudicó un lugar importante dentro del culto popular. En esta época de los años cincuenta, el dictador manda a erigir la estatua de María Lionza en un lugar público (la autopista del Este), obra que fue construida por el escultor Alejandro Colina (1901-1953), quien en 1951 logra finalizar el monumento.

Pero, además de los factores religiosos y simbólicos ya señalados, existen otros de suma importancia para comprender en el plano de la heterogeneidad cultural este fenómeno tan arraigado en nuestra sociedad. La influencia de la cultura popular en torno a la construcción del icono femenino de la diosa, le ha dado amplias dimensiones socioculturales a la simbología marialioncera. La figura femenina de la reina no sólo abarca la deidad de la naturaleza y del amor, sino que también es una representación del matriarcado como significante de la tradición indígena latinoamericana. Como icono de la Gran Madre, simboliza la realidad compleja del sincretismo de grupos humanos, religiones y etnias del pueblo, así como de tradiciones y rituales que datan desde la Colonia hasta nuestros días. Este aspecto, el del icono femenino construido como signo a partir del mito, es el que nos interesa plantear en este estudio. Vale por lo tanto apuntar, que el foco de este análisis se basa en examinar cómo la cultura popular se apropia del mito de María Lionza para construir una imagen de la diosa en base al imaginario cultural imperante.

En un interesante artículo sobre la diosa, Axel Capriles señala, tomando en cuenta algunas civilizaciones universales y ciertas analogías mitológicas entre María Lionza y otras diosas (egipcias, griegas e indígenas), que la diosa es de igual manera la representación de la Gran Madre de estas civilizaciones. Al tomar en cuenta que los iconos femeninos de estas grandes culturas representaban también la fertilidad, el amor y la naturaleza, Capriles deduce que Lionza lleva consigo estas características. La Gran Madre, arquetipo del inconsciente colectivo simboliza a un nivel universal la "Virgen", la diosa de la fertilidad y a su vez, la mujer sensual, representada en la prostituta. Es la figura femenina que tiene poder sobre la naturaleza y aparece rodeada, la mayoría de las veces, por serpientes, agua y animales salvajes. En este sentido, María Lionza es una madre aborígen, mestiza, también asociada con la luna y la fecundación, y posee el poder sobre los bosques y aguas de la montaña sagrada, la cual en sí, es la Gran Madre. Sentada en su trono, y protegida por serpientes, leones y un macho cabrío, la Gran Madre se transforma a un nivel social en significado cultural que afirma la identidad del pueblo.

No obstante, si por una parte la representación de María Lionza en la Gran Madre contiene una vision esencialista de la figura femenina, a un nivel cultural la representación del cuerpo de la diosa como significante colectivo de identidad nacional, funciona dentro de patrones establecidos por la cultura dominante. Es decir, por un lado, existe un deseo de continuidad histórica que se expresa en la nostalgia de una tradición que data desde antes de la Conquista, y que por ende, revela un anhelo de conservar la autoctonía, y por otra parte, esa misma sociedad una vez incorporada a la modernidad, tiene que adaptar medios más actuales de incorporar los mitos y rituales a su realidad presente.

Esto nos remite a considerar que la representación del mito como tal, además de ser y de acuerdo a Lévi-Strauss: "búsqueda del tiempo perdido", de igual modo es "un esfuerzo comprensivo de reconciliación con un tiempo eufemizado y con la muerte vencida o transmitida en aventura paradisíaca" (Durand 356). De esta manera, esa trascendencia de tiempo y espacio, prevalece en la construcción imaginaria, y a su vez, en el carácter nacional con el propósito de asegurar un espacio público de participación de grupos.

Es una "homogeneización de una experiencia" cultural, símbolo de las etapas histórico-sociales de un país, la cual se legitima bajo el signo expresivo y la imagen de un icono femenino. Dentro de este contexto, el signo mujer bajo el designio cultural de lo colectivo, pasa a ser "afirmación de la conciencia, que sólo puede ser confirmada a través del reconocimiento del Otro" (Guerra 93). Y ese "Otro", aparece como la fuerza y el poder cósmico de una diosa benevolente y castigadora a su vez, que domina, pero que también protege. La divinidad femenina así, expresa el símbolo de la venezolanidad a un nivel religioso y cultural, siendo esta identificación una reafirmación positiva de una identidad que se reconcilia consigo misma a través de los rituales de celebración del objeto sagrado. Para muchos, María Lionza forma parte del "patrimonio de la nación" ya que los elementos que conforman su fuerza como imagen religiosa van más allá de lo espiritual. En ese aspecto sincrético del mito, se inscribe de un modo similar, el carácter popularizado de la imagen de Madre de la Patria, proyección oficializada por la cultura popular. Este último aspecto cobra importancia desde el punto de vista de la "participación multidinaria a nivel popular y ciudadano" ya que el culto en sí, posibilita la aceptación de grupos marginados e incorpora lo femenino y lo masculino indiscriminadamente como significaciones de la experiencia cotidiana.

Así, si la figura de Simón Bolivar como Padre de la Patria e imagen omnipotente, preserva una cultura nacional de "desesperada reivindicación de tradiciones que se desvanecen" (Martín 165); la de María Lionza también en ese mismo sentido, forma parte de un "proceso de control social" vinculado a la perennidad de las creencias populares. Esto ha traído como resultado que la construcción del imaginario colectivo, basado en el culto a María Lionza, haya sufrido una serie de transformaciones que van desde ser puramente religiosas y sagradas a convertirse en masivas y populares, es decir el culto pasa de ser mito construido y asimilado por la tradición oral, a ser un fenómeno inscrito en el imaginario social y expresado bajo diversas formas populares de la cultura.

Si se entiende por cultura en el sentido popular todo "aquello asimilado orgánicamente a la conducta y/o a la visión de las clases mayoritarias" (Monsiváis 98); tal aseveración representa por lo tanto y en el caso venezolano, un arraigo cultural no sólo de tipo urbano, sino también una perspectiva esencial de las culturas populares indígenas y rurales. O sea, lo popular traduce en "instinto", en autoctonía, en re-encuentro con los orígenes y en catársis colectiva, similar a los carnavales de la Edad Media que estudia Bakhtin como mascaradas populares de disensión y de purificación. El carnaval así ha sido sustituido por el ritual de la vuelta al pasado indígena y español, siempre y tomando en cuenta, la reflexión y la cohesividad social del presente.

Atendiendo a este aspecto, la imagen de María Lionza funciona como un icono común de todas las capas sociales, de todos los sistemas de gobierno y de todo código cultural preestablecido. Como comenta la antropóloga, Angelina Pollak-Eltz:

La capa social que practica el culto ha cambiado. Antes eran gente humilde, campesinos urbanizados, habitantes de barrios marginales. Ahora hay muchos jóvenes de la nueva clase media que han tomado esto [el culto] como formade vida. Ellos responden a una necesidad de una clase social traumatizada por la inseguridad del trabajo, sometida a las angustias de necesidades mayores que las que pueden cumplir, tensiones emocionales por relación, etc.; gente que necesita solucionar sus problemas cotidianos aquí y ahora, por medios sobrenaturales. En las ciudades, el culto se extendió de ranchos y barriadas a apartamentos y quintas, donde la clase alta, con poder económico superior, organiza encuentros hasta con mediums traidos del exterior, que trabajancon ritos y métodos más sofisticados (Díaz 132).

Como consecuencia, y debido a esta hibridez y permanencia simbólica, María Lionza es la imagen de una modernidad cultural que responde a la marginalidad de grupos olvidados por la cultura dominante los cuales se sienten más identificados con su lineaje indígena y mestizo, que con la oficialidad tradicional europea del rito católico. En ese margen de reivindicación colectiva, el pueblo afirma su nacionalidad y sus creencias, al rupturar tanto los límites fronterizos regionalistas, como los espacios étnicos sociales. El pueblo, en su búsqueda de identidad, elige alternativas espirituales no tradicionales con el fin de ganar la "victoria" de los olvidados ya que "negros, mulatos, morenos, zambos, alcohólicos, ateos, mujeres de vida alegre, son elevados por el alma popular venezolana a la categoría de santos" (Díaz 172). Tal lo observa el sociólogo Tulio Hernández, en cuanto a la imagen de la Reina y su corte, imagen que permite que el inconsciente indígena se exprese y sobreviva junto con otras prácticas religiosas, mágicas y rituales tales como la santería, la macumba, la magia negra y el espiritismo formalizado de origen europeo. De este modo, y como explica Hernández, María Lionza, la Reina Madre, junto con Simón Bolivar, el Padre Libertador, y a Jesucristo el Único Hijo, el Redentor y todos con la venía del Gran Poder de Dios , conforman un curioso sistema de ordenamiento cósmico que hace de la religiosidad popular, el intercambio entre lo cotidiano y lo misterioso, lo divino y lo histórico, a través de claves de identificación nacional (Díaz 172).

Desde los puntos de vista generico-sexual y social, la incorporación de una deidad femenina como parte de una tríada simbólica en la que dos de las figuras son masculinas, establece una estructura de pensamiento reflexivo en cuanto al papel de la mujer como grupo marginado. En una nación en donde las estructuras sociales son de base patriarcal, María Lionza

Iconos Femeninos Latinos

77

representa el matriarcado en una doble conformación de "madre y de hembra". Así, en el rito de la posesión, los "Bancos" y "Mediums" que actúan en el culto son en su mayoría, mujeres marginadas de la sociedad, siendo en el ritual marialioncero en donde ellas adquieren significancia en su papel social ya que su estatus se modifica mediante este importante desempeño espiritual. Similarmente: "los homosexuales rechazados por la sociedad global, encuentran en el ritual de María Lionza una forma de expresión y de realización de sus deseos. Su misma ambivalencia sexual los convierte en seres especiales que permiten la comunicación entre lo sagrado y lo profano (Martín 189). Bajo este aspecto, María Lionza es el ideal universal de aceptación de los grupos "olvidados" de la oficialidad. El culto de la diosa se convierte en un espacio de pertenencia para todos aquellos exiliados sociales que necesiten de una identificación de grupo dentro de la complejidad de la cultura dominante.

Como metáfora de la Patria, Lionza traspasa ese "significado de pertenencia" de lo homogéneo nacional a lo heterogéneo cultural y viceversa. Su valor simbólico responde a su poder de imagen estructurante de todos los valores colectivos. Si éstos últimos sufren transformaciones en tiempo y espacio de acuerdo a la realidad social, de igual modo, el significado del icono conformará espiritualmente las necesidades colectivas y la imagen se adaptará a la percepción que se tenga de esa realidad. En otro sentido, los esquemas de representación simbólica de un pueblo no están sometidos a cambios bruscos, como lo indica Jacqueline Clarac de Briceño, aunque sí son modificables. A esto, Clarac Briceño comenta:

En el venezolano hay muchas representaciones de su cultura indígena. A pesar de que las culturas se van modificando, hay estructuras que permanecen latentes por mucho tiempo. Los cambios sociales violentos, como el paso de la Venezuela rural a la urbana, del país agrario al industrial y tecnológico, crean profundas perturbaciones, ante las cuales se alzan mecanismos de defensa cultural [...] No son mecanismos de defensa individual como lo concibe el psicoanálisis, sino a nivel colectivo, y esto puede explicar que ante situaciones de cambio constante, el venezolano esté reaccionando a partir de sus mecanismos culturales que lo hacen acudir a su estructura mágico-religiosa, donde tiene gran importancia el considerar que la desgracia, tanto física como económica o sentimental, es causada por factores externos a la sociedad y a uno mismo (Díaz 140).

Ahora bien, si se toman en cuenta los factores simbólicos de la cultura popular, se reconocen ciertos aspectos en relación al icono femenino de

María Lionza los cuales son expresados en los mecanismos del espectáculo de exhibición y manejo de la imagen de la diosa. En primer lugar, toda la historia del mito, se traslada del medio rural al medio urbano, y aparece inscrito en la imagen del monumento de la deidad, ubicado en la capital. El "icono de Caracas", aparece como una estatua integral del medio urbano y forma parte de un espacio de convivencia, así como de la vibrante dinámica de la vida cotidiana. Es un monumento en perpetuo movimiento y cuya energía es proyección de la ciudad misma. Ejemplo de este dinamismo es el reflejo de la apasionante conexión entre la escultura y la ciudad, así como de sus cultistas. El desmoronamiento de la obra, el 6 de junio del año 2004 produjo una inmediata reacción por parte del pueblo ante tal "trágica fractura". De inmediato, las instituciones y fundaciones de arte se movilizaron para buscar soluciones de restauración y traslado del monumento. Se concluyó que la obra presentaba daños de gran magnitud en toda su estructura interior y en gran parte de su superficie. Como consecuencia, se inició un proyecto de restauración, a cargo de la Fundación Alejandro Colina y que luego pasó a las directrices del Consejo de Preservación y Desarrollo de la Universidad Central de Venezuela (COPRED). Inicialmente, y de acuerdo a esta fundación, la escultura tuvo como sede en el pasado, la Universidad Central, en donde ocuparía una "dirección noreste, al lado de los estadios universitarios, [ya que] su vértice (pelvis) funcionaría como pebetero de los III Juegos Deportivos Bolivarianos de 1951. Dos años más tarde, se le traslada a la zona noroeste y desde entonces, ha estado expuesta a la contaminación y el deterioro ecológico, según esta organización.

Pero, el efecto del poder que ejerce este signo femenino en el inconsciente colectivo traspasa lo local para inscribirse en su imaginario cultural, no sólo a un nivel de nación, sino también a un nivel internacional. Tal articulación permite tomar en consideración no sólo la obra de arte en sí, sino su empleo dentro de la realidad social que la inventa y la preserva a través del espacio y tiempo. El icono femenino cumple un significado específico, aquél del lenguaje, el del discurso no expresado. En el sentido de Barthes, el lenguaje así como la escritura, no sólo son significantes verbales, sino también visuales.

Y cualquier objeto, cuadro o representación, como es el caso de los iconos, se transforma en un discurso si posee un significado. De este modo, en el caso de la escultura de María Lionza, los significantes estructurantes que son la fuerza, el poder y los atributos de la diosa van unidos a su imagen montada sobre "el misterio y la mansedumbre de una danta", exhibiendo unos "pechos erguidos, robustas curvas [y] una pelvis inmemorable" para dar significado a un signo de mujer fértil y enigmático y que pasa a ser un reflejo universal de un fenómeno cultural-religioso.

Por otra parte, la estatua presenta a la diosa con los brazos en alto: "símbolo de la religiosidad que inspiraban [ciertas] diosas [egipcias y mediterráneas] como fuente mitricia de vida del 'principio femenino'" (Capriles 2), sosteniendo un molde pélvico. Aquí, la pelvis de mujer se asocia con un receptáculo en donde se alberga el principio de la maternidad y el origen de la vida y es un símbolo no sólo de la fertilidad, sino también de la sexualidad. En una actitud contemplativa y proyectando la superioridad de la pelvis femenina, María Lionza envía y "abriga un mensaje, un pedazo de significado [que le habla] al espíritu de un segmento importante de la población que aprecia y entiende su lenguaje" (Capriles 1). En este aspecto, María Lionza además de ser la Madre Simbólica, es también la fuerza y el poder que le da una continuidad histórica y cultural a la ciudad.

Desde la perspectiva de la diosa como signo, el modelo femenino se caracteriza por la dualidad de su representación: por un lado, la mujer aparece como un ser casto y puro, asociado con la figura de la Virgen. Por otra parte, hay una proyección de la mujer seductora que atrae a los hombres y los premia o castiga según sus acciones. Este espacio divisorio gravita hacia una caracterología femenina que proyecta una realidad cultural la cual ha perdurado hasta nuestros días, y que Lucía Guerra analiza desde un punto de vista histórico en su interesante estudio sobre la mujer.[7] A partir de este fundamento, resulta interesante adjudicarle al icono de María Lionza el espacio público asociado con la masculinidad, aunque no deja de tener importancia el hecho de que la imagen es incorporada a la realidad cotidiana como "mujer imaginada" o "proyección idealizada" la cual al ser construida por el imaginario colectivo, trasciende los principios masculinos y femeninos al adquirir la significancia de un signo cultural acceptable por parte de la colectividad. Así: "La Reina María Lionza, lo mismo que las otras mujeres-espíritus de sus Cortes, ya no necesita de la maternidad para ser poderosa: al urbanizarse y occidentalizarse las mujeres, pierde importancia para ellas la maternidad y adquieren importancia el amor, el dinero, el poder, y los cargos que antes les fueron rehusados" (Briceño 146). Esta deducción permite señalar que la existencia y continuidad de la diosa como doncella casta de la naturaleza cobra vigor en la ciudad como símbolo de la mujer moderna, fuerte y emprendedora, quien a su vez, lleva consigo la sensualidad y el misterio inscritos en la expresión y posición de la escultura de Colina.

María Lionza en su calidad de monumento urbano, de imagen edificada, ha sido y es testigo de una conciencia histórica y cultural que nace de las transformaciones sociales y del deseo de continuidad de un país. El mismo concepto de patria, Venezuela, representa la mujer sensual simbolizada en el mito y en la obra de arte. En esa trasposición del microcosmos de la montaña de Sorte a la ciudad, lo sagrado de la Gran Madre es interceptado por todas aquellas categorías humanas de significancia en la sociedad: la cultura popular, la política, el arte público, la música, la literatura, la religión y los medios de comunicación. Así, la escultura no sólo refleja lo simbólico-estético, sino que también funciona como altar sagrado de la cultura popular en donde los ofrecimientos (flores, velas, fotografías, objetos personales, etc.), contrastan con los ángulos de la esfinge en un "collage" de formas y significados.

En relación a la universalización del culto de María Lionza, y por ende, el mito que la circunda, éste abarca otros países latinoamericanos, incluyendo el área del Caribe. Su reproducción en "múltiples soportes y formatos" es testimonio de que en lo concerniente a lo popular, tanto el arte y la religion, como el mito, son categorías del imaginario social. Por ejemplo, algunos músicos han incluído a la diosa en sus composiciones; ciertos diseñadores la han incorporado a sus creaciones; el arte fotográfico la ha exhibido ampliamente y su fotografía ha aparecido en portadas de revistas internacionales como la estadounidense *Life* y la alemana *Der Spiegel*.

A nivel nacional, además de su imagen en estampas, amuletos, fotografías, estatuillas e impresiones que exhiben un variado vestuario (de novia, indígena, cortesana, reina, africana, etc.)[8] su icono ha sido utilizado como emblema de festivales de arte y cine, tales como el Festival de Caracas de Cortometrajes Latinoamericanos en Cine y Video y de conferencias de ciencias sociales, antropología y otras disciplinas relevantes a la religión y literatura.

La orientación de lo social funciona por ende, de acuerdo a las demandas que la sociedad impone la cual va estableciendo sus propias expectativas ante la imagen cultural, popularizando el icono y creando nuevas formas y valores en torno a la imagen; en otro sentido, a veces la comercialización de la figura femenina toma dimensiones surreales y en particular, si la misma aparece compartiendo espacios virtuales con figuras de la música contemporánea. De ahí que, si el Culto a María Lionza se caracteriza y como señala Gustavo Martín, por su "gran permeabilidad para asimilar creencias y ritos provenientes de los más diversos orígenes" (171), no sorprende que la manipulación de los medios de comunicación y la difusion comercial de la cultura incorpore una ideología un tanto distorsionada del mismo. Algunas manifestaciones de la cultura popular son válidas si expresan nuestro sentir y contribuyen a la perpetuación de tradiciones y rituales que destacan nuestra identidad cultural, sin embargo, y como expresan algunos expertos en el tema, existe una tendencia a la explotación comercial tanto del carácter mitológico del culto como de su imagen femenina.

En otros términos, si el valor artístico y cultural del arte nacional revela su máxima expresión en la escultura urbana de Alejandro Colina, también esa manifestación estética se refleja en la palabra escrita, en particular, en un poema de José Parra titulado "María Lionza" y que aparece en el texto de Eliseo Jiménez, *La Venus venezolana* (Martín 180).[9] Nos vemos en la necesidad de reproducirlo a continuación para un mejor análisis:

Yo no sé nada de historias
yo, que tan alba te quiero,
solo sé que desde el fondo
menos claro de los tiempos
después de la Inmaculada,
eres la gracia del pueblo:
la que perfuma sus noches,
la que madura sus huertos,
la que afina las guitarras
y en luna los limoneros,
la que humedece los labios
cuando los mira sedientos,
la que da fuerza a los hombres,
la que da espigas al suelo
y dulzura a las mujeres
en la fragancia del seno
para que chupen los niños
tu cariñito materno.

Este sencillo poema, reitera una vez más la significancia de la figura femenina como diosa de la naturaleza, del amor y de la fertilidad. La voz poética al enfatizar el "yo", desea reafirmar la relación entre su ser y un mundo inexplicable para el poeta. Su amor por la Reina perdura y trasciende un pasado de leyendas y mitos y se ubica en un tiempo estático en el cual, sólo su amor por la pureza de la mujer es lo que adquiere sentido, concepto que es expresado en el verso, "yo que tan alba te quiero". El "yo poético" representa un yo colectivo que percibe el tiempo histórico como "ahistórico", siendo la mujer el signo que cobra vigor como imagen cultural, imagen representada en las líneas, "eres la gracia del pueblo" y "después de la Inmaculada". Hemos estudiado antes la comparación de la diosa con la virgen y el proceso de sustitución de identidades e imágenes que ocurren entre ellas. La reiteración de ideas en el poema a través de las ánaforas y símbolos, contribuyen a colocar la presencia de la reina en todos los espacios posibles de la naturaleza y el ámbito de lo cotidiano. María Lionza tiene el poder de no sólo "perfumar las noches y afinar las guitarras", sino también de ser la diosa mágica que da vida y nutre: "la que madura [los] huertos/", "la que da espigas al suelo". Por otro lado, es la sensualidad femenina proyectada en la siguiente imagen: "humedece los labios cuando los mira sedientos", lo cual por un lado, es símbolo de aliento y vida, y por otra parte, representa la fuerza que ella le transmite a los hombres. Pero esta cualidad no es sólo inclusive de ellos, sino que de igual manera, la diosa le proporciona "dulzura a las mujeres" y les da significancia en su papel de madres que nutren a sus hijos.

En este orden, el tono del poema de Parra, en un intento de dejar aparte la leyenda de Lionza, afianza los atributos espirituales y femeninos de la diosa para resaltar más su figura de mujer, al enfocar por una parte, su imagen de virgen-madre dulce y bondadosa y por otro, al destacar un icono femenino que refleja la sensualidad y el poder de la mujer. Por último, el significado de la ideología cultural cobra vigor en la popularidad del símbolo marialioncero inscrito en la lírica de una canción del cantor panameño, Rubén Blades. La canción, también titulada "María Lionza", alude en primer lugar, al seno del origen de la diosa (la montaña de Sorte), para luego resaltar sus cualidades físicas y espirituales, partiendo del concepto de que la música es una de las expresiones más fuertes del acontecer cultural, social y político de los pueblos [ya] que refleja cada una de las circunstancias de las masas que cantan y componen.[10]

Podríamos aproximarnos a la presencia femenina de María Lionza como "musa inspiradora" de una canción popular y caribeña, con ritmo de salsa la cual apela a las masas y cuyo propósito es exaltar la esperanza y veneración del receptor, quien de igual modo, celebra la existencia de la diosa. Así, al examinar la lírica de la canción de Blades, nos encontramos con la imagen de un ser bondadoso, caritativo, bello y etéreo, que vive rodeado de una naturaleza "cuyas paredes son hechas de viento" y "su techo hecho de estrellas". La diosa aparece como "guardiana de su tierra entera" desde el guajiro hasta Cumaná", espacio que trasciende el territorio nacional para abarcar a toda la América Latina con el fin de "cuida[r] el destino de los latinos" para que éstos puedan "vivir unidos y en libertad". Aquí, la función de la Reina se universaliza para establecer un juicio de valor que incorpora la protección y la esperanza de un grupo determinado, más allá de límites fronterizos.

Al incluir el término "destino de los latinos", la idea del culto se colectiviza, concepto que se da en la imagen de invocación: "¡Oh salve reina, María Lionza". Esta imagen cobra vigor y se ritualiza con la participación del coro que clama por un "milagrito" a cambio de "un ramo de flores blancas", comparables éstas, a la pureza de la diosa y que "cueste lo que cueste" serán colocadas como ofrenda ante el monumento de la Reina. Se establece un pacto comunicativo entre el que canta y el oyente el cual contiene ciertos leitmotivos con los que éste ultimo se identifica, no importa a que clase social o grupo racial pertenezca. Estas imágenes colectivas aparecen simbolizadas en la pureza de las "flores blancas", en la "protección" a un nivel urbano: "A to'a la gente de Cerritos y de Caracas protégela" y a un nivel nacional: "desde el guajiro hasta Cumaná"; en lo popular: "Ella es la reina que el pueblo adora", en el respeto: "Doña María"; y finalmente, en la solidaridad y la unión: "Nos despedimos con un saludo" "de Puerto Rico y Panamá". Este último verso establece un lazo de hermandad entre los países unidos por la intercesión de la diosa en un rito común de armonía. Desde este punto de vista, la imagen de María Lionza inscrita en la nota musical de la lírica popular, reproduce un nuevo nivel de contextura: aquel que permite el regocijo de un pueblo que celebra el mito moderno a través de la música popular, es decir, desde los límites marginalizados de la coherencia social, se establece una apertura a ciertas expresiones inherentes de la cultura latinoamericana, en contraposición con la formalidad de los rituales sagrados que aluden a un carácter más religioso y mágico.

Para terminar, es necesario reconocer que el culto a María Lionza constituye un aspecto de aproximamiento a la vida ya que afirma la existencia cultural de grupos sociales marginados los cuales han sido olvidados por la oficialidad. Desde otro punto de vista, es también un importante proceso fundamentado en la construcción de la imagen femenina como fuerza de legitimación social y cultural, revelada ésta, en una ideología popular concreta y vigente de unión y solidaridad colectivas.

Notas

[1] Al igual que otros rituales religiosos de Latinoamérica, el culto de María Lionza ha heredado las "particularidades propias de la conquista, del esclavismo y de la colonización en esta parte del Nuevo Mundo. Al lado de la conquista material hubo una conquista espiritual, sin embargo el cristianismo no llegó a las raíces profundas sino que se superpuso a las creencias ancestrales. Para un estudio somero de este concepto del

pensamiento índígena y africano en los cultos religiosos de la América Latina, consultar,el interesante estudio de Nelly García Gavidia, *Posesión y ambivalencia en el culto a María Lionza* (Ediciones de la Universidad del Zulia, 1987).

[2] Los "Bancos" y "Mediums" se basan en el chamanismo ritual que es parte esencial de este culto, siendo el tabaco, el leitmotivo del ritual o su primera fase. El tabaco es considerado un "regalo" de los dioses para facilitar la bajada de los espíritus y los resultados exitosos de las peticiones, cobrando una significación sagrada para rendir tributo a la diosa, lo mismo que la construcción de altares en donde las ofrendas incluyen aguardiante, ron, flores, imágenes y figuras de santos, héroes y personajes benefactores de la cultura popular. Para algunos investigadores, el chamán se distingue del poseído porque domina los espíritus y los conduce a través del "viaje" al mundo de lo sobrenatural.

[3] En su estudio sobre el cuerpo como escenario ritual de la posesión y las manifestaciones de este culto, Francisco Ferrandiz Martín, analiza la función del cuerpo en el ritual de la posesión. Ver su libro, *Escenarios del cuerpo. Espiritismo y sociedad en Venezuela*, 2004.

[4] Existen ciertas versiones en cuanto a la época en que vivió María Lionza. Una de ellas es la de su fecha de nacimiento y muerte entre 1502 y 1528.

[5] Citado en Gustavo Martín, quien lo retoma de una cita de Garmendia, A y Sosa. A.J. y otros, p. 159. Consultar, Sosa, M.A y Hernándes, M. "El culto a María Lionza, ¿una religiosidad venezolana?", *Revista Sic* 354, Caracas (abril 1973): 158-160.

[6] Barthes afirma que en el caso del mito, éste entra dentro del campo semiológico ya que representa la idea en la forma. Así, en el mito hay una estrecha relación entre el significado y el significante. Consultar su estudio, *Mythologies*. Trad. Annette Lavers,
(New York: Hill and Wang, 1972), pp. 109-110.

[7] Consultar el texto de Lucía Guerra-Cunningham. *La mujer fragmentada: historias de un signo*. (Santiago: Editorial Cuarto Propio, 1994).

[8] Es interesante destacar que en el caso de la incorporación del mito a la cultura popular, la presencia de la diosa ha compartido incluso a un nivel televisivo un espacio en el que ha aparecido la imagen de María

Lionza como trasfondo de presentación de la cantante norteamericana, Madonna.

[9] A falta de información acerca del libro de Eliseo Jiménez, *La Venus venezolana*, nos vemos en la necesidad de reproducir este poema del texto de Gustavo Martín.

[10] Este concepto de la música como expresión cultural, la examina profundamente Lyl Rodríguez en su artículo "La mujer en la música popular del Caribe", en *Diosas, musas y mujeres*. Varios Autores. Caracas: Monteavila Editores Latinoamericana): 255-262.

Obras citadas

Acosta, Vladimir, et.al. *Diosas, musas y mujeres*. (Caracas : Monteávila Editores Latinoamericana, 1993).

Barthes, Roland, *Mythologies*, Annette Lauers, trad. (New York: Hill y Wang, 1972): 109.

Briceño Clarac, Jacqueline, "Mujer y Magia", *Diosas, musas y mujeres* (Caracas: Monteávila Editores Latinoamericana, 1993).

Capriles, Axel, "María Lionza: La Gran Madre" (http:/kalathos.com/detail-acaprilespp): 1-7.

Diario *El Universal*, Caracas (5 de abril, 2003): 26.

Diaz, Mariano, *María Lionza. Religiosidad mágica de Venezuela*, Fotos, textos y entrevistas. Edición del autor, sin fecha.

Durand, Gilbert, *Las estructuras antropológicas de lo imaginario* (Madrid: Taurus Ed., 1981).

Ferrandiz Martín, Francisco, *Escenarios del cuerpo. Espiritismo y Sociedad en Venezuela* (Bilbao: Editorial Universidad de Deusto, 2004).

García Gavidia, Nelly, *Posesión y ambivalencia en el culto a María Lionza* (Maracaibo: Ediciones de la Universidad del Zulia, 1987).

Guerra-Cunningham, Lucía, *La mujer fragmentada. Historias de un signo* (Santiago: Editorial Cuarto Propio, 1994).

Martín, Gustavo, *Magia y Religión en la Venezuela contemporánea* (Caracas: Ediciones de la Universidad Central de Venezuela, 1983).

Monsiváis, Carlos, "La cultura popular en México", *Latin American Perspectives* 16, V. 1 (Invierno 1978): 98.

Rodríguez, Lyl, "La mujer en la música popular del Caribe", *Diosas, musas y mujeres* (Caracas: Monteávila Editores Latinoamericana, 1993): 255-262.

Yemayá, madre y protectora del pueblo brasileño

Eva Paulino Bueno

St. Mary University, San Antonio

¿Quién puede hablar de Yemayá? ¿Serán solamente los que practican las religiones candomblé, santería y sus variaciones en los diferentes países? ¿Serán solamente los que han participado de las ceremonias religiosas en que Yemayá se hace presente? ¿O serán todos aquellos quienes tienen interés en las diferentes manifestaciones espirituales de nuestra América? ¿Es posible hablar de Yemayá solamente como un icono de la cultura, sin ofender a los practicantes de la religión en la cual ella es uno de los orishás?[1] Estas preguntas no son retóricas, sino que son parte de la vida cultural de muchos latinoamericanos quienes practican diferentes religiones y cultos, y aunque no sean formalmente miembros de ninguna asociación, participan en ellas de alguna forma.[2]

Por supuesto, un estudio de los diferentes niveles de participación en el culto a Yemayá nos darían diferentes resultados. Como investigadora brasileña, creo que es fundamental que puntualice desde el principio, que no participio ningún culto que tiene a Yemayá –o Iemanjá en Brasil– como una figura mayor. Sin embargo, también es importante que aclarar que, como mujer y como brasileña, la figura de varios de los orishás de religiones africanas, incluso Yemayá, han participado en mi vida de muchas maneras y en muchos aspectos. Esta participación ha sido inevitable porque la penetración de íconos mi vida, así como en la vida demás personas, es a un tiempo el resultado de razones históricas, culturales, nacionales y personales.[3]

Las razones históricas están íntimamente ligadas a la esclavitud que subsistió en Brasil hasta la emancipación de los esclavos, por el decreto real del 13 de mayo de 1888, a través de la ley "Áurea," firmada por la princesa Isabel. Es decir, Brasil fue un país con esclavos africanos hasta casi el siglo XX. Brasil fue también el país que recibió el mayor número de esclavos africanos en América. Se calcula que más de tres millones de personas fueron traídas a Brasil durante los 250 años que duró el tráfico de esclavos. Este contingente humano trajo sus culturas, sus lenguas, y sus creencias religiosas. Y todo esto ha sido una parte integrante en la formación de la cultura brasileña.[4] La presencia temprana de tantas personas de África influyó en la gastronomía, la música, la religión, el arte y el vocabulario del portugués de Brasil. Sin embargo, no podemos ignorar que Brasil, un país de dimensiones continentales, ha tenido además una gran contribución por parte de las culturas indígenas, las europeas, incluyendo la japonesa.

Como saben quienes han estudiado o vivido en cualquier país latinoamericano, la cultura africana en general está presente en otros países además de Brasil, Cuba u otras áreas del Caribe, aunque muchas veces tal influencia no tiene la misma dimensión y relevancia que ha logrado o desarrollado en estos dos países. Otro punto importante es que en Brasil y en Cuba, las manifestaciones culturales africanas no son uniformes, y podría decirse que hasta son distintas aún en el mismo país. Estas diferencias influyen no sólo en la figura de Yemayá, sino también en los otros orishás que forman parte del panteón de las religiones candomblé y santería.

Aunque Yemayá también es una presencia importante en la santería de Cuba, en este estudio, quiero concentrarme en Yemayá o Iemanjá, del candomblé de Brasil, por cuanto su imagen se ha transformado en un icono prominente que ha transcendido los confines religiosos convirtiéndose en una figura presente en la propia cultura popular.[5]

De África a Brasil.
Paul E. Lovejoy, en su libro *Transformations in Slavery* escribe que los esclavos africanos fueron traídos a las Américas entre 1650 y 1900, totalizando más de diez millones de personas. En su mayoría provenían de las regiones africanas de Centro Oeste, Benin (Suroeste de la actual Nigeria) con más de dos millones originarios de Biafra y la Costa Dorada, cada una con más de un millón de personas. La cuestión lingüística es importante en este período de importación de esclavos, porque ellos venían de distintas regiones y hablaban distintos idiomas.[6] A Brasil, por ejemplo, como indica Reinaldo José Lopez, llegó un gran contingente de esclavos de Angola y Congo, miembros de la línea lingüística banto: "En segundo lugar vienen los pueblos de África Occidental, como los yorubás, cuya presencia ayudó a crear el candomblé y otros elementos de la cultura negra en Brasil"[7] (2).

Sin embargo, todos los esclavos—así como ocurrió en otros países— fueron forzados a aprender la lengua del europeo, quien no les reconocía ni su diversidad, ni la riqueza de sus contribuciones culturales. Cuando llegaron a los países de América, los esclavos eran vendidos, como todos sabemos, sin el menor respeto a sus características multiculturales y multilingüísticas. Así, es posible concluir que, para muchos africanos que vinieron de un grupo étnico y lingüístico menor/minoritario, les fuera imperativo aprender no solo el portugués, o el español, o el francés de los europeos, sino también una de las lenguas de la mayoría de los demás africanos.[8] Esto explica por qué, en Brasil, por ejemplo, la lengua africana predominante es el yorubá, aunque otros grupos lingüísticos existan en algunos sitios, especialmente en el interior del estado de Bahía. Actualmente, muchos investigadores se dedican a estudiar estas diferentes lenguas así como también las diferentes corrientes culturales y religiosas como el candomblé.[9] La contribución pan-africana a la cultura brasileña es hoy en día celebrada por personas de origen africano, europeo y mestizo. Estas contribuciones, nunca homogéneas, pueden, sin embargo, ser sintetizadas/sintetizarse en algunas manifestaciones del candomblé (y de la santería en Cuba). Lo más importante, en este caso, es señalar que las religiones traídas a las Américas por los miembros de la diáspora africana constituyen según Joseph M. Murphy: "both works for the spirit and works of the spirit", o sea, "trabajo para el espíritu y trabajos del espíritu." Para Murphy: "Las ceremonias diásporas son servicios *para* el espíritu, acciones de sacrificio y de alabanza para agradar al espíritu. Y ellas son servicios *del* espíritu, acciones hechas por el espíritu para inspirar a la congregación"(7).[10] Si tomamos como ejemplo las celebraciones tanto de la santería como las del candomblé, y sus distintas manifestaciones del culto a Yemayá, podemos ver que, aunque externamente parecieran diferentes, ambas participan del mismo deseo de prestar homenaje a esta orishá que tiene puntos en común en las dos religiones.

Yemayá: resistencia y adaptación.

Como ya se ha discutido y documentado, durante el período colonial, y hasta en los principios del siglo XX, los cultos de origen africano en América fueron rechazados por la cultura europea cristiana de los colonizadores.[11] Este rechazo tomó formas distintas en los varios países donde la presencia de africanos posibilitó el desarrollo de una fuerte tendencia inicial de juntar los símbolos e imágenes de las figuras religiosas africanas con las figuras del panteón cristiano, o, como en el caso de la macumba en Brasil, con la incorporación de manifestaciones religiosas indígenas. Este fenómeno, llamado "sincretismo," ha sido criticado por la Federación del Candomblé, que tiene por meta mantener y orientar la religión africana brasileña dentro del ritual pasado (a nuestros tiempos) por nuestros antepasados.[12]

Por otro lado, aunque esta posición es perfectamente comprensible e indicadora del creciente sentimiento de orgullo por las raíces africanas de tantas manifestaciones culturales y religiosas presentes en América, así como de la necesidad de aumentarse el reconocimiento de las contribuciones directas de la cultura de África, también es necesario señalar que el sincretismo fue una manera a través de la cual la cultura africana consiguió resistir a siglos de opresión.[13] Así, en los *terreiros* en donde las imágenes cristianas son puestas al lado de las imágenes africanas, lo que existe es la demostración de lo que ocurre con culturas en contacto: una hibridización.[14]

Este es un punto importante en los dos países, pero especialmente en un país de largas dimensiones como Brasil, en el que la influencia africana es diferente de una región a otra. La hibridización no ocurre solamente en el candomblé, sino que es posible decir también que la religión cristiana, en sí misma, de una manera u otra absorbió muchos de los festivales y muchos de los días sagrados cristianos que coinciden con los festivales de culturas paganas, anteriores al cristianismo; y como tal, el cristianismo también contiene aspectos que son el resultado de la hibridización.[15]

Aquí llegamos a Yemayá, y a su importancia como un icono cultural, especialmente en Brasil. Todo brasileño está familiarizado con la imagen de Yemayá. Aún en las casas de cristianos devotos es común encontrar el un cuadro de una mujer joven, blanca, de largo pelo negro, saliendo de las aguas del mar y la inscripción, "Iemanjá, rainha das águas." Esta imagen ha tenido, por supuesto, varias transformaciones, y ha sufrido procesos de "blanqueamiento" que la alejan de las imágenes de Yemayá que se encuentran en las casas de aquellas personas que participan activamente del candomblé.[16]

Yemayá, la reina de los mares, como es comunmente presentada, lleva un largo vestido blanco, y su ropa se confunde con el agua del océano.[17] Su pelo largo, negro y liso, le llega hasta la cintura, la cual es enfatizada por la forma del propio vestido. En la cabeza, lleva una corona con una estrella. El blanco del vestido y el azul del mar contrastan con la tez clara de la diosa: no hay duda que ella no es negra. Y con estas características no se trataría, entonces, de la orishá negra que tiene un lugar importante entre los demás orishás, sino que recuerda más a la Venus (en el cuadro *El nacimiento de Venus*) de Botticelli.[18] Aquí también se han enfatizado los atributos de la figura femenina. Aunque, por supuesto, una imagen está vestida y la otra no, casi todos los elementos naturales están presentes en forma metafórica. En las dos representaciones se observa la presencia de los vientos creadores. En Yemayá, por el movimiento su pelo y por la apariencia de las olas revueltas; en Venus, dos ángeles originan el viento. Mientras que Yemayá viste de blanco (color que indica pureza y, posiblemente, aludiendo además a la espuma del mar), la Venus desnuda recibe sus ropajes de la ninfa que se halla a la derecha del cuadro. Las dos, Venus y Yemayá, están saliendo del mar. En ambas, los senos se encuentran en el mismo lugar de la pintura, en el centro. Yemayá, al igual que Venus, son mujeres jóvenes, perfectas, en edad de concebir. Las dos, como nos cuentan las respectivas historias, han sido madres de dioses.[19]

Considerando que Yemayá forma parte del panteón de una religión de origen africano, cabe cuestionar por qué en esta representación popular su figura aparece "blanca." Hay que recordar que la resistencia de los negros en las Américas en general, y en Brasil, en particular, se hizo a través del uso de recursos que servían para esconder de los blancos las ceremonias y actividades culturales que les eran negadas a los esclavos.[20] En el caso de estas dos figuras, hay que indicar que la diferencia principal entre Venus y Yemayá es que una representa solamente la belleza, mientras la otra representa fuerzas mucho más poderosas. Es importante que el pelo de Yemayá sea negro y largo, y que su vestido azul se confunda o abarque cielo y tierra –o mar y cielo– lo que la hace poderosa y con fuerzas telúricas. Venus está a punto de ser vestida, Yemayá está vestida porque ese vestido representa un puente que une sus dominios: el cielo, el aire, y el mar. Las manos de Venus le cubren los senos y el sexo, mientras las manos de Yemayá están abajo y abiertas; es decir, si Venus acaba de nacer (el cuadro se llama "Nacimiento de Venus"), Yemayá es una mujer que conoce el amor, por esto tiene las manos abiertas. Para Yemayá –aunque es bella– su belleza no importa, sí el poder.[21]

En Brasil, existen otras imágenes más comunes en relación al aspecto de su "creación" que pueden compararse con las de la Yemayá. La santa patrona de Brasil es Nuestra Señora Aparecida, la que "apareció" de las aguas del río Paraíba en 1717, en la red de pescadores. Este "nacimiento" de las aguas marca una conexión con otras imágenes de Nossa Senhora, tales como Nossa Senhora dos Mares, Nossa Senhora dos Navegantes. La imagen de Nossa Señora dos Mares, por ejemplo, es siempre mostrada en un barquito, el cual nos recuerda que los devotos de Yemayá le regalan a la diosa, llenos de flores y de ofrendas el 2 de febrero. Nuestra Señora de la Regla es otra figura muy venerada, y que también es mostrada cerca del mar. En Venezuela, se venera a la Virgen del Valle, la patrona de la Isla de Margarita, y también se la representa con el mar cerca. ¿Se puede suponer que la presencia del mar sea un vestigio del pasado navegante de los dos países, Portugal y España?

El hecho es que, aquí, hay una coincidencia entre algunos principios básicos entre la cultura colonizadora y la colonizada. Para ambas, la presencia o proximidad del mar representa algo ligado a la abundancia, a la procreación, y éstas, a su vez, son consideradas parte de lo femenino. Yemayá y Nuestra Señora (en sus diferentes interpretaciones locales) son este femenino que junta la idea de la belleza y la del poder. Para los creyentes, cada una representa una posibilidad de conseguir algo que necesitan o desean. Para quien las venera, tanto Yemayá como Nuestra Señora son responsables por la resolución de sus problemas.[23] Yemayá, en su lugar de origen estaba conectada con los ríos de la región de África central, de donde viene la primera noticia de esta orishá. Su nombre, que es una versión derivada de "Yeye Omo Eja", y que significa "La madre cuyos hijos son los peces", no especifica que se encuentra, necesariamente, conectada con el mar.[24] Sin embargo su más clara conexión es con los peces, por cuanto éstos representan la abundancia que ella da como sustento de vida. Así, de esta manera, el género de Yemayá, y el hecho de que ella sea la madre de otros orishás, la conecta con la imagen de la Virgen María del cristianismo. Los suyos son poderes maternos.[25] Como tal, Yemayá es la que intercede por sus hijos e hijas que se aproximan a pedirle gracias. Ella es la dadora de vida –como sugieren las figuras de Yemayá y la de Venus– y la que protege la vida, porque se interesa por el bienestar de sus hijos.

Pero, ¿quién es Yemayá en las diferentes tradiciones religiosas? Primero, hay que decir que Yemayá tiene nombres diferentes dependiendo de la región en donde se practique su culto. Se la reconoce como Yemayá en los países de habla española, e Iemanjá en Brasil, aunque allí también existen variaciones como Yemanjá. En Bahía se la llama Iemowô (en África es la esposa de Oxalá); Iamassê (madre de Xangô); Euá, o Yewa (el nombre de un río en Africa); Olossá (una laguna africana alimentada por ríos), Iemanjá Ogunté (esposa de Ogum Alagbedé); Iemanjá Assabá (quien está siempre cosiendo con hilos de algodón), e Iemanjá Assessu (muy imperial y respetada). Lydia Cabrera menciona que Yemayá tiene siete nombres en Cuba, pero especifica que existe solo una.

Yemayá en el tercer milenio.[26]

En el principio de su existencia en las Américas, Yemayá "fue vestida" con los trajes de diversas formas de Nuestra Señora. Sus seguidores, así como los seguidores de la santería y del candomblé, tuvieron que memorizar las ceremonias, los rituales, las palabras sagradas y pasarlos oralmente a sus hijos. Muchas de estas ceremonias eran practicadas a escondidas con los tambores tocados suavemente y las canciones susurradas para que el sonido no atrajera a la policía a la puerta de la casa de devoción. Después, con la mayor libertad y comprensión por los cultos africanos, investigadores de varios países se dedicaron a estudiar la religión, su significado y su importancia. La figura de Yemayá, desde el principio asociada con la figura maternal que protege a sus hijos, siguió siendo una de las más populares. Muchas personas que ni siguiera participan en las ceremonias religiosas pueden afirmar que son devotas de la diosa y que le tienen el mismo cariño que profesan a la madre de Jesús. Por esto, en Brasil por lo menos, muchas residencias tienen por lo menos una imagen de "Iemanjá, a rainha das águas", generalmente en la recámara. Por eso, el nombre "Yemanjá" u otra de sus variaciones, son ahora nombres de establecimientos comerciales, restaurantes, clubs, etc. Es como si, de esta manera, los dueños de estos negocios estuvieran invocando la protección y el poder de Yemayá.

Este poder, que se manifestaba en el pasado en las ceremonias en que los devotos le pedían ayuda y consejos, se manifiesta actualmente a través del internet. Esto se debe a que como muchas personas no viven cerca de un terreiro de candomblé o de un centro de santería donde puedan participar de las ceremonias y hablar directamente con las personas que incorporan la orishá, optan por usar el sistema de internet no sólo para relacionarse entre sí, sino también para venerar a Yemayá.[27] Los participantes se identifican con nombres femeninos (aunque en el Internet es posible ponerse cualquier nombre), y los mensajes varían desde pedidos de ayuda para obtener un buen empleo para quien escribe o para sus hijos, o para conseguir una buena pareja. El campo semántico de estos pedidos revela que el círculo de influencia de Yemayá, por lo menos en estos ejemplos, no es muy extenso y está más relacionado con la manutención de la familia.[28]

Cabe señalar que el único altar que tiene por lo menos el mismo número de pedidos es el de Oxalá, el dios padre. Yemayá, por su parte, sigue siendo, aún en estos días en que las comunicaciones pueden ser hechas dentro del espacio virtual/cibernético, una protectora maternal, y es de esta conexión, mujer y madre, que se nutre su fuerza en cuanto ícono cultural. Este fenómeno de la presencia y de la popularidad de Yemayá en internet nos muestra que su figura está pasando por otro cambio, no muy diferente del que sufrió cuando fue traída por los esclavos a las Américas. Si en sus primeros tiempos en el continente Yemayá tuvo que tomar la forma y hasta los colores de santas católicas, ahora puede resplandecer con su propio nombre, en un nuevo medio. Es interesante que, una vez más, Yemayá se encuentre cerca de la metáfora del mar, porque en Internet tiene en su raíz, la idea de la red, que lo puede todo y lo abarca todo.

Yemayá vino a las Américas con los esclavos, y al final consigue, en el siglo XXI, aparecer como parte integrante del panteón religioso y como icono popular sin que sus seguidores teman persecuciones. Su imagen ya no es la misma que trajeron los esclavos: Yemayá, como América, ha cambiado con la confluencia de las culturas europea, africana, y amerindia.

De esta confluencia nace su fuerza e importancia icónica.

Notas

[1] No hay una definición única de la palabra orishá (u orixá en portugués). Su definición más general es que el orishá es un espíritu que necesita un cuerpo humano para manifestarse. El cuerpo humano —una persona que ha sido elegida para esta función— se transforma en el "caballo" del orishá durante las ceremonias del candomblé. De esta forma, el orishá habla directamente a sus devotos mediante la boca de su "caballo."

[2] Las palabras "religión" y "culto," pueden ser confundidas y tener diferentes interpretaciones. El culto, por ser un conjunto de ritos y ceremonias litúrgicas con que se tributa homenaje a Dios, o a dioses, puede ser visto como parte de una religión. Una religión, a su vez, es un conjunto de creencias o dogmas acerca de la divinidad, de normas y de leyes para la conducta individual y social, así como también es un conjunto de prácticas rituales, principalmente la oración y el sacrificio. Aunque por varios siglos, en América Latina la única religión reconocida como tal era el catolicismo, hoy en día, con una mayor comprensión de la cultura y las contribuciones de los africanos, se comienza a aceptar el candomblé, la macumba, la umbanda, la santería, como religiones.

[3] La presencia de personas no formalmente afiliadas al candomblé a sus ceremonias no es fenómeno nuevo en Brasil. Como documenta Dale T. Graden, el 23 de junio de 1870, en Bahía, el periódico *O Alabama* publica una noticia sobre la presencia de blancos y negros en tales ceremonias. Otros artículos del mismo periódico estudiados por Graden apuntan cómo la participación de blancos, así como negros en el candomblé, era común e indicaba la creciente relación entre blancos, mulatos y negros en la sociedad bahiana. Consultar de Dale T. Graden: "'So Much Superstition Among These People.' Candomblé and the Dilemmas of Afro-Bahian Intellectuals, 1864-1871", *Afro-Brazilian Culture and Politics: Bahia, 1790s to 1990s* (New York: M. E. Sharpe, 1998): 57-73.

[4] Una de las mejores presentaciones del complejo proceso de esclavitud en Brasil se puede encontrar en Conrad y en Carnero.

[5] La antropóloga puertorriqueña Lily Díaz escribió su tesis de licenciatura sobre la santería en Puerto Rico. Díaz escribe que Yemayá está representada, en su forma sincretista en Puerto Rico, como Nuestra

Señora de la Regla. Aquí también podemos constatar que, realmente, la imagen de Yemayá está siempre conectada con el agua: la imagen de Nuestra Señora de la Regla es vista cerca del mar, y es protectora de todos que trabajan con o en el mar. En "A Structuralist Analysis of Puerto Rican Santería", Tesis de Honores, Inédita (Brandeis University, Departamento de Antropología, 1981). Consultar "http:www2.uiah.fi/~diaz".

[6] En Cuba, la situación no fue muy distinta. Allí también los africanos fueron traídos en gran número para consolidar el gran proyecto colonial establecido en la isla por los españoles. En el principio del siglo XVII los africanos en Cuba trabajaban más en las tareas domésticas. Entre los años 1801-1865, un total de 616.200 esclavos fueron fundamentales para el desarrollo de la caña de azúcar y los ingenios de explotación azucareros. Además de su trabajo en el campo, los africanos dieron sus importantes aportes a lo que después sería la cultura cubana, incluyendo la santería.

[7] Reinaldo José Lópes discute los últimos estudios bio-genéticos que tratan de aplicar las nuevas técnicas de DNA para descubrir el origen geográfico de los negros brasileños. El artículo nos informa, por ejemplo, que en los Estados Unidos, la población negra viene especialmente de la África Occidental (53%), mientras que el mismo grupo comprende el 69% de la población negra de América Central. A Brasil fueron traídos los esclavos de de Angola e do Congo, "membros do tronco lingüístico banto. Em segundo lugar vêm os povos da África Ocidental, como os iorubás, cuja presença ajudou a criar o candomblé e outros elementos da cultura negra no Brasil" (2). En "Raízes da diáspora negra", *Folha Ciência* (21 de marzo de 2004): 1-5.

[8] Yeda Pessoa de Castro en *Os falares africanos na interação social do Brasil colônia* (Salvador: Centro de Estudos Bahianos, 1980) escribe detalladamente sobre el asunto de las diversas lenguas y dialectos de los esclavos, y resalta que la lengua Yoruba, hablada por los que en Bahía son conocidos como Nagô, prevaleció a causa del mayor número de africanos hablantes de esta lengua (*Os falares africanos na interação social do Brasil colônia*). Fayette Wimberly hace una breve presentación de este tema en su artículo "The Expansion of Afro-Bahian Religious Practices in Nineteenth-Century Cachoeira," especialmente páginas 76-77. Ensayo editado en *Afro-Brazilian Culture and Politics: Bahia, 1790s to 1990s* (New York: M. E. Sharpe, 1998): 74-89.

[9] Fayette Wimberley estudia el desarrollo del candomblé en la ciudad de Cachoeira, ubicada en el Recôncavo Bahiano, y apunta que, desde el siglo XIX, tres distintas corrientes se establecieron en la ciudad. En algunas

casas –o terreiros– se practicaba el ritual Nagô o Yorubá, mientras en otras se utilizaba el ritual Gene o Fon/Ewe, y en las terceras practicaban un ritual que tenía conexiones con la iglesia católica. En "The Expansion of Afro-Bahian Religious Practices in Nineteenth-Century Cachoeira", pp. 74-5.

[10] Las traducciones son de la autora. "Diasporan ceremonies are thus services *for* the spirit, actions of sacrifice and praise to please the spirit. And they are services *of* the spirit, actions undertaken by the spirit to inspire the congregation."

[11] Ver especialmente los trabajos de Edison Carneiro y Robert Edgar Conrad.

[12] "To maintain and orient the Afro-Brazilian religion within the ritual handed down by the ancestors." El texto completo se encuentra en Bastide, *The African Religions of Brazil*, página 442, nota 44. En otra sección del libro, Bastide mantiene que la propia iglesia católica, al permitir que los negros esclavos bailaran fuera de las iglesias después de las misas, abrió camino para que la religión africana se mantuviera en Brasil, y también para que el sincretismo tuviera lugar. Ver especialmente las páginas 52 a 54. Hendrik Kraay escribe que la Federação Bahiana do Culto Afro-Brasileiro fue creada en 1946, y que fue constituida de 35 *terreiros* existentes en Bahía (22).

[13] El libro de Maria Stella de Azevedo Santos, *Meu tempo é agora* (São Paulo: Oduduwa, 1993) es un ejemplo de esta nueva aproximación a los estudios del candomblé. Azevedo Santos sugiere, en este libro, varias maneras de corregir lo que, en su opinión, han sido distorsiones hechas a la verdadera forma de la religión.

[14] Los *terreiros* pueden ser simplemente uno o varios edificios donde se hacen las ceremonias y se alojan los practicantes del culto. Lo más importante aquí es que el *terreiro* es el lugar sagrado. Para una discusión de los procesos de hibridización cultural, consultar de Homi Babha, *The Location of Culture* (New York: Routledge, 1994).

[15] La Navidad es celebrada durante el solsticio de invierno; la Pascua durante las antiguas fiestas de primavera, por ejemplo.

[16] Consultar del internet, "www.micuim.blogger.com.br/2005_02_01_archive.html".

[17] En su libro sobre María Lionza, Eduardo Bracho escribe: "Yemayá es descrita como diosa de las aguas, hija de Obatalá y Orulá, madre de Orugán. Según la leyenda, su hijo, enamorado con obstinacion de ella, la persigue sin tregua mientras ella le huye. Finalmente, Orugán logra atraparla, y entonces Yemayá cae muerta. De su último aliento nace una fuente de agua, de sus senos dos grandes ríos. Van corriendo por tierra hasta formar una laguna, mientras del vientre abierto de la Diosa nace Changó, dios del trueno, y demás deidades" (41). Ver de Bracho *María Lionza en Venezuela* (Caracas: Fundación Biggot, 2004).

[18] Ver "www.digitalart.ab.ca/ art/ren/birth-of-venus.htm".

[19] Ogún, Exú y Oxossi son hijos de Yemayá. Ogún trabaja en el campo, Oxossi es cazador, y Exú fue expulsado de su casa por desobediente. Los hijos de Venus son: Cupido (dios del amor), Himeneo (dios del matrimonio), Príapo (dios de la sexualidad masculina) y Eneas (héroe troyano).

[20] En Brasil, el desarrollo de la "capoeira," un tipo de baile que es también un arte marcial, es otro ejemplo de este "enmascaramiento." Los blancos pensaban que los negros estaban solamente bailando cuando, en realidad, utilizaban el "baile" para mantenerse en forma y para practicar golpes que les ayudarían a defenderse, y también a atacar, cuando fuere necesario.

[21] Agradezco a Nelson Hyppolite por esta lectura de las dos imágenes.

[22] En "www.terrabrasileira.net/.../ 6ritos/s-navega.html".

[23] Nuestra Señora de la Regla, consultar en el internet, "www.habanaelegante.com/ Spring2001/Rincon.html".

[24] Pierre Fatumbi Verger escribe que "Yèyé omo ejá" es el orishá de los Egbá, "uma nação iorubá estabelecida outrora na região entre Ifé e Ibadan, onde existe ainda o rio Yemoja", "una nación yoruba establecida en el pasado en la región entre Ifé e Ibadan, donde todavía existe el río Yemoja" (56). En *Orixás: deuses iorubás na África e no Novo Mundo*, Maria Aparecida da Nóbrega, trad. (Salvador, Brasil: Editora Corrupio Comércio, 1981).

[25] Ver la discusión presentada por Roger Bastide sobre la conexión entre Yemayá y la virgen María. *The African Religions of Brazil*, 256-7.

[26] Para una imagen de Yamayá negra consultar: "http://

www.presidencia.gov.br/seppir/ informativos/026.htm".

[27] En la página Altar Virtual consultada el 11 de marzo de 2005, se encontraban prendidas 18 "velas virtuales" allí "encendidas" por mujeres que le hacen a Yemayá una diversidad de pedidos. Referirse a: (http:// istoe.terra.com.br/planetadinamica/altar/site/ lista_altar_pub2.asp?id_user=71845&id_altar=85042).

[28] En los altares semejantes existentes en el internet que se encuentran dedicados a otros orishás, los pedidos son diferentes. En el altar virtual a Xangô, por ejemplo, solamente había una vela "prendida" y la petición requería que el peticionante obtuviera justicia. En otros, se reclama protección contra los males que otras personas les puedan hacer a quien escribe, o se piden cosas prácticas como "un coche" o "una buena nota en la escuela."

Obras citadas

Bastide, Roger, *The African Religions of Brazil. Toward a Sociology of the Interpenetration of Civilizations*, Helen Sebba, trad. (Baltimore: The Johns Hopkins University Press, 1978).

Bhabha, Homi, *The Location of Culture* (New York: Routledge, 1994).

Bracho, Edmundo, *María Lionza en Venezuela* (Caracas: Fundación Biggot, 2004).

Cabrera, Lydia, *Yemayá y Ochún: Kariocha, Iyalorichas y Olorichas* (Miami: Ediciones Universal, 1996).

Carneiro, Edison, *Candomblés da Bahia* (Rio de Janeiro: Conquista, 1961).

Castro, Yeda Pessoa de, *Os falares africanos na interação social do Brasil colônia* (Salvador: Centro de Estudos Bahianos, 1980).

Conrad, Robert Edgar, *Children of God's Fire: A Documentary History of Black Slavery in Brazil* (Princeton: Princeton University Press, 1983).

Díaz, Lily, "A Structuralist Analysis of Puerto Rican Santería", Tesis de Honores, Inédita (Brandeis University, Departamento de Antropología,

1981).

Graden, Dale T., "'So Much Superstition Among These People.' Candomblé and the Dilemmas of Afro-Bahian Intellectuals, 1864-1871", *Afro-Brazilian Culture and Politics: Bahia, 1790s to 1990s* (New York: M. E. Sharpe, 1998): 57-73.

Kraay, Hendrik, ed., "Introduction: Afro-Bahia, 1790s-1990s", *Afro-Brazilian Culture and Politics: Bahia, 1790s to 1990s* (New York: M. E. Sharpe, 1998).

Lovejoy, Paul E., *Transformations in Slavery. A History of Slavery in Africa.* (Cambridge: Cambridge University Press, 2000).

Lopes, Reinaldo J., "Raízes da diáspora negra", *Folha Ciência* (21 de marzo de 2004): 1-5 (http://www1.folha.uol.com.br/fsp/ciencia/fe2103200401.htm).

Murphy, Joseph M., *Working the Spirit; Ceremonies of the African Diaspora* (Boston: Beacon press, 1994).

Santos, Maria Stella Azevedo de, *Meu tempo é agora* (São Paulo: Oduduwa, 1993).

Verger, Pierre Fatumbi, *Orixás: deuses iorubás na África e no Novo Mundo*, Maria Aparecida da Nóbrega, trad. (Salvador, Brasil: Editora Corrupio Comércio, 1981).

Wimberly, Fayette, "The Expansion of Afro-Bahian Religious Practices in Nineteenth-Century Cachoeira". *Afro-Brazilian Culture and Politics: Bahia, 1790s to 1990s* (New York: M. E. Sharpe, 1998): 74-89.

Evita y Frida: Iconos latinoamericanos para exportación

María Claudia André
Hope College

Resulta aparente que la ambición republicana del siglo diecinueve de educar y civilizar a la sociedad ha sido reemplazada por un gran proyecto de seducción comercializada en la cual, tanto en lo científico como lo humanístico, se encuentran presentados como curiosidades del mercado para entretenimiento de un consumidor pasivo. La aparente búsqueda de la verdad, la utilidad social y los valores morales han sido desplazados por un orden mundial más práctico y utilitario destinado a combinar las crecientes demandas de los mercados con el de la sociedad capitalista; sociedad que, como bien es sabido, define al individuo según su situación económica y su poder adquisitivo. Este proceso de categorización, según explica Jean Baudrillard, se construye en base a un sistema de significados flotantes en los cuales el signo funciona no sólo como objeto de consumo, sino también como fuente inexhaustible de deseo por parte del consumidor.[1] Tanto el deseo de consumir como el deseo de pertenecer son componentes claves de la cultura o condición postmoderna, la cual, como define François Lyotard, promueve una democracia pluralista y abierta, construída sobre la base de regímenes coercitivos y totalizantes. Entre las múltiples facetas asociadas con las postmodernidad, Lyotard distingue, primero, un marcardo interés del estilo por sobre el contenido, y segundo, una constante reformulación de la realidad a través de una serie de elementos -parodia, pastiche, fragmentación, montaje, repetición y collage de imágenes- que intentan esfumar las barreras culturales, étnicas y sociales. Al crearse la ilusión de que el mundo es una aldea global, estos sistemas de expresión artística e intelectual se asimilan y se rearticulan para el supuesto beneficio de la sociedad en general.

En las últimas dos décadas, la máquina del consumo ha trascendido el universo de los objetos dando origen a nuevas identidades culturales estrechamente relacionadas con personalidades del acontecer histórico y político latinomericano. Frida Kahlo de Rivera (1907-1942)[2] y Evita Duarte de Perón (1919-1952) son, sin duda, dos figuras claves para analizar los procesos de contrucción, fetichización y consumo implementados por productores, empresarios y los medios masivos de comunicación a través del espacio mediático. Sin duda, debido a su ideología política y conducta no ortodoxa, con el transcurso del tiempo, estas dos mujeres se han vuelto iconos latinoamericanos populares, cuya fama hoy en día ha trascendido la de sus propios maridos.

Basándose en las teorías de Baudrillard sobre la postmodernidad y la sociedad de consumo, este ensayo explora no sólo los procesos que han hecho de estas notables mujeres objeto de consumo (aún a pesar de su discurso anti-imperialista y de su activa militancia dentro de los segmentos de izquierda en sus respectivos países) sino también la gran influencia que aún ejerce su discurso en el imaginario popular. Este estudio analiza además cómo dichas personalidades, a través de la constante reproducción de sus imágenes, buscaron construir un ideal de ellas mismas que, paradójicamente, se ajusta a muchas de las prácticas y teorías de consumo que han hecho iconos de ellas.

En parte, como resultado de los cambios introducidos por la transición a la democracia y por la globalización, la cultura es hoy en día apreciada como uno de los instrumentos ideológicos fundamentales de la sociedad – junto con la ley, la educación, la familia y la religión– por proveer un marco conceptual desde donde es posible interpretar e incorporar las identidades sociales a la agenda política de las instituciones hegemónicas. La percepción de la cultura –como un factor que forma la vida de la gente y su sentido de identidad– así como las distinciones tradicionales y las jerarquías basadas en la lucha de clases, de género y de raza, se han adaptado conforme a nuevos paradigmas neoliberales que promueven un sistema de hibridación cultural que neutraliza las diferencias y los conflictos sociales detrás de una máscara de igualdad. La disolución de una unidad orgánica, el rechazo a los discursos totalitarios, y el progresivo desarrollo tecnológico han dado prioridad a la ilusión de que las sociedades occidentales y no occidentales conforman un grupo homogéneo que convive en una armonía pluralista. Tal ilusión se sostiene sobre una serie de referentes y modelos esencialistas que tienden a borrar las diferencias económicas, históricas y sociales para producir una construcción cultural definida en términos aceptables por el paradigma occidental.

La reestructuración de los cánones originales, o según sugiere Néstor García Canclini, de la modernidad a la postmodernidad, no sólo implica la reformulación radical de las relaciones entre lo tradicional y lo moderno, sino también entre la cultura de élites y la cultura popular. Para Canclini, las repercusiones de dicha dinámica van más allá de las preocupaciones del mercado, puesto que afectan no sólo las identidades individuales y colectivas, sino como también las articulaciones culturales nacionales e internaciones (46). Mientras que algunas de estas articulaciones pueden asociar lo popular con una amplia variedad de discursos contemporáneos o *avant garde*, otras asocian lo popular con el mundo de lo primitivo; ya sea con comunidades indígenas o con comunidades imaginarias, étnicamente identificadas por su exoticismo o por su relación con un pasado idílico. Esta fascinación con el pasado, tal como señala Baudrillard, guarda una estrecha relación con la experiencia postmoderna y con el avance de intereses socio-económicos, los cuales, incapaces de retener el pasado y la historia, viven aparentemente en un presente perpetuo.

Según Homi K. Bhabba este proceso de reacondiciona-miento cultural y temporal sirve para dar poder al sujeto minoritario, por cuanto, a través de los procesos de transculturación se desplaza el presente histórico y se expande el pasado nostálgico "a otras historias y a otros sujetos narrativos inconmensurables" (318). Dicha apertura les a otorgado una nueva voz a estos grupos o sectores minoritarios, legitimizando, hasta cierto punto, su inclusión dentro de los espacios de debate. Como examina García Canclini: "la apariencia ideológica del pluralismo admite cierta diferencia sin que ésta constituya una amenaza para el estado y para los sistemas de mercado" (*Beyond* x).

Aunque, Baudrillard estima que la hibridez, el pluralismo y la concepción étnica de las culturas no occidentales pueden servir como panacea al "capitalismo multinacional actual" (Sarup 181); otros críticos, como Mirko Lauer mantienen que "el indigenismo es sólo un punto fijo a través del cual se mide la modernidad" (111). En otras palabras, el valor de la cultura y del arte indígena, se encuentra limitado a su primitivismo y exoticismo en relación con la perspectiva occidental y, consecuentemente, yace sujeto a una dicotomía cultural que fuerza a las sociedades indígenas a permanecer "genuinas", tradicionales y estancadas en el pasado.

En América Latina, no obstante, y tal como explica Norma Alarcón, la hibridez ha sido parte continuum histórico, por cuanto "vivimos en tiempos incompletos y mixtos de pre-modernidad, modernidad y postmodernidad, cada uno de estos relacionados históricamente con sus correspondientes culturas, las cuales fueron o son epicentros de poder. Nuestra identidad es ambigua, múltiple y metamórfica" (cita en Canclini *Consumers* 55). Alarcón estima que dada su propia multiplicidad étnica y racial, las sociedades latinoamericanas pueden resistir la polución cultural y confrontar las transformaciones de sus identidades nacionales, sin necesariamente tener que sustituir sus tradiciones por otras. A través de años de colonialismo, América Latina ha ido desarrollando diferentes formas de balancear la dinámica entre los modelos europeos −y más recientemente, los modelos neoliberales− con sus particularidades étnicas y regionales.

Para Renato Ortiz, las varias décadas de construcción transnacional simbólica han creado tanto en Latinoamérica como en otras regiones "'una cultura popular internacional' con una memoria colectiva hecha de componentes de diferentes naciones" (Canclini *Consumers* 44). Esta cultura popular internacional se ha desarrollado, en la opinión de García Canclini y de Baudrillard, a través de los medios de comunicación. La función de los medios ha sido fundamental en la formación de esta ciudadanía cultural, por cuanto, los consumidores/ciudadanos se encuentran constantemente intercambiando códigos que se refieren cada vez menos a la etnicidad, la clase y la nación en la cual nacieron. De acuerdo con García Canclini, la definición de nación se ve menos determinada por los límites geográficos o por su historia política, sino que "sobrevive, en vez, como una comunidad interpretativa de consumidores cuyos hábitos tradicionales -alimentarios, lingüísticos- les induce a relacionarse de determinada manera con los objetos e información que circula dentro de las redes internaciones" (*Consumers* 45).

La expansión del mercado de consumo desarrollado por los centros de producción intelectual, artística, científica y mediática que condicionan el desarrollo cultural de la sociedad, ha hecho de los artefactos nativos o autóctonos un objeto de consumo comercializable a través de la práctica de exotización: "un sistema de representación exótica que transforma a los sujetos coloniales en objetos para el consumo imperialista" (Savigliano 2). En este proceso, en lugar de establecer la diversidad intrínseca de los grupos subalternos y/o minoritarios, los canales de expresión y de difusión cultural sólo acentúan aquellos elementos de lo exótico y lo primitivo que reflejan su propia percepción estética y que obedecen a sus estereotipos patológicos perpetuando, de tal modo, el legado colonialista de exclusión, incorporación y dominación. En contra del argumento de elitismo cultural que sugiere que el trabajo artístico y el capital cultural puede elevar el nivel espiritual de las masas e invocar su conciencia crítica, Baudrillard considera que la socialización de los sistemas culturales de representación no contribuye a proveer más información, sino que por el contrario, reemplazan todo significado legítimo por una identidad parcial y una interpretación regulada conforme la perspectiva de un grupo hegemónico. Por otra parte, cabe señalar, que conscientes de que sólo las elites poseen o pueden adquirir "capital cultural" -entiéndase, la capacidad de leer y apreciar un trabajo artístico- las grandes mayorías consumen pasivamente objetos y reproducciones en masa del original, sin siquiera tratar de entender el objeto cultural, puesto que para ellos no existe el significado, sólo una transferencia virtual de la esencia del objeto, una simulación, un significante flotante a través del cual se puede crear cierta impresión o ganar cierto status (Sarup 166).

Si tal como indica García Canclini: "consumir es obtener significado de un mundo en el cual todo lo sólido se desvanece en el aire" (*Consumers* 42), entonces cabe preguntarse ¿cuáles son las premisas ideologicas o conceptuales que los iconos latinoamericanos presentan al consumidor primermundista?, ¿cómo la representación de figuras legendarias como Ernesto "Che" Guevara, Carmen Miranda, Diego Rivera, Pancho Villa,[3] Evita Perón y Frida Kahlo, entre otros, enriquecen la saturada galería de personajes reales y ficcionales producidos por los medios masivos norteamericanos y europeos?, ¿qué hay detrás de este fenómeno? Y, finalmente, ¿cómo tales articulaciones interactúan o se ajustan al discurso hegemónico occidental?

Del vasto repertorio de personalidades, Frida Kahlo y Evita Perón[4] se prestan como paradigmas ejemplares a través de los cuales es posible explorar las complejidades de la iconografía cultural. Aparte de la coincidencia de que ambas estuvieron casadas con hombres carismáticos, exhibicionistas y quienes, a su vez, crearon una mística sobre si mismos, las similitudes entre Frida y Evita son varias. Ambas desafiaron el modelo patriarcal de su época que limitaba a las mujeres al espacio doméstico: Kahlo fue la primera mujer artista en vender una pintura al Museo del Louvre y la primera artista latinoamericana en presentar su trabajo en una galería de arte parisina (1939); bajo similares circunstancias, Evita fue la primera mujer en América Latina en ser nominada como candidata a la vicepresidencia de su país (1951).[5]

Para Frida, así como para Evita, lo personal era político: la primera adoptó la ideología marxista y apoyó la Revolución Mexicana, la segunda abrazó apasionadamente la lucha del proletariado por igualdad y justicia. En sus vidas, ambas desarrollaron un estilo personal, una imagen pública, una conducta verbal y no verbal (gestos, peinados, ropaje, joyería, actitud), no sólo como medios para ejercer poder y expresar su propia identidad, sino como herramientas de supervivencia. Mientras que Frida enfatizaba su *mexicanidad* usando solamente atuendos tradicionales para desafiar la moda euro-céntrica predominante de su tiempo, Evita adoptó el estilo europeo para construir una imagen con la cual cruzar fronteras de clase y lograr identificarse con ambos sectores de la población. Es irónico, que estas dos mujeres, quienes se destacaron por la exhuberancia de sus ropas, joyas y estilos, fueron físicamente afectadas por un proceso de decaimiento corporal que finalmente concluyó, en ambos casos, en la muerte prematura.

Figuras sexualmente contradictorias quienes encajan en el prototipo de la mujer indómita -Frida por su bisexualidad y Evita por las múltiples relaciones de las que se sirvió para desarrollar su carrera artística- aún hoy se erigen como símbolos legendarios de aquéllos quienes se atreven a defender su derecho de ser diferentes. A diferencia de otras personalidades históricas, para mucha gente en los Estados Unidos y América Latina, tanto Frida como Evita han adquirido el estatus de iconos, ejemplares de culto y hasta de mártires veneradas por su resistencia al dolor físico y por su constante lucha contra la opresión política y social.

Frida for export.

Al principio de la década de los setenta, Frida Kahlo era conocida fuera de México solamente por algunos críticos de arte y pequeños grupos académicos, sin embargo, durante estas últimas décadas, la creciente popularidad de su vida y arte ha incrementado su fama, haciendo de su ella uno de los iconos populares más extraordinarios del siglo veinte.[6] Críticos de arte y biógrafos Margaret A. Lindauer, Hayden Herrera y Martha Zamora, entre ellos, concuerdan que el magnetismo de Kahlo radica, por un lado, en la versatilidad de su imagen -como puede verse en propagandas comerciales y una amplia gama de objetos de consumo, por ejemplo tarjetas, joyería, ropa y arte- y por el otro, en su habilidad para transmitir en cada pintura "una potente mezcla de historia personal, herencia cultural, compromiso político y el consciente deseo de construir un mito de sí misma".[7]

Posando como modelo y foco de su narrativa pictórica, las pinturas auto-referenciales de Kahlo reflejan un aura de sensualidad femenina reminiscente a la de los retratos del Renacimiento en los cuales, el juego de luz y sombra, la anatomía y la acción dramática se emplean para acentuar la intensidad de las expresiones faciales. En particular, la calidad gráfica de sus retratos combina influencias modernas del Expresionismo y Surrealismo con la imaginería y la gama de colores característica del arte indígena mexicano logrando un efecto único y original.

A pesar de la obvia atracción de la artista por la forma femenina, sus retratos nunca adolecen de la tradicional objetificación tan frecuentemente en las rendiciones masculinas, sino por el contrario, el cuerpo de Kahlo se construye como una presencia mítica y un significante étnico físicamente despojado de condicionamiento social. Sus imágenes sensualmente cargadas de dolor y de martirio proyectan un aura de misticismo casi siempre relacionado a los ciclos primordiales de la existencia: nacimiento, vida y muerte. La figura femenina de Kahlo se encuentra biológica y emocionalmente expuesta, sometida a una dinámica de encuentros eróticos, exóticos y culturales, en los cuales se fusionan las tradiciones occidentales con las indígenas. Este dualismo social y racial es, en sí mismo, la esencia de la identidad mestiza. La identidad bipolar o múltiple es un concepto frecuente en el arte y la literatura de América Latina, puesto que del ser dividido se pueden obtener un sinnúmero de significados y configuraciones alternativas.

Al ubicarse en una posición de otredad en relación con la cultura occidental, Frida desafía la "europeización" de la sociedad mexicana de su época. Según Milner, sin embargo, al analizar su discurso pictórico, lo que resulta problemático, es que mientras Frida quería reflejar su mexicanidad y servir a la revolución comunista, sus pinturas son tan individualistas y "tan palpablemente egocéntricas que aunque se hagan concesiones por su contextualidad, su prevaleciente ideología o cualquiera de los muchos 'factores determinantes' que puedan circunscribirse a su visión, sus pinturas carecen la fuerza o van más allá de la figura de Frida Kahlo" (86).

Cabe acotar que para Lindauer, la percepción de trabajo artístico de Frida es un claro ejemplo de cómo las mujeres son confinadas y limitadas mediante una serie de parámetros determinados por los discursos patriarcales que reprimen todas las expresiones de lo femenino que desafíen o cuestionen el *status quo* (151). Dicha interpretación, según sostiene Lindauer, se encuentra circunscrita a la representación que el mercado construye de Frida como un icono de resistencia emocional y física en relación con el dolor y la tragedia narrativa de su vida en lugar de su talento artístico, como ocurría por ejemplo, con Rivera. Quizás esta interpretación del talento de Frida radica en que su técnica autodidacta y su estilo naïve resultan demasiado simplistas para el crítico de arte entrenado; no obstante, lo simbólico de su arte resulta atrayente al público al no requerir una consciencia crítica o una intelectualización profunda.

De hecho, enfatizando su feminidad a través del arte, Frida hace de su vestido de Tehuana –vestimenta característica de la región de Tehuantepec de México– uno de los símbolos más frecuentes en su vocabulario pictórico. Milner es uno de los muchos biógrafos quienes creen que la selección de ropas de Frida no era un medio de ocultar sus imperfecciones físicas o un modo de agradar a Diego –según la opinión general– pero una forma de marcar su identidad cultural y su individualidad.[8] Estudios recientes remarcan que su atracción hacia la ropa Tehuana tiene una relación con el hecho de que en las regiones del istmo de Tehuantepec, a través de los años, las mujeres han logrado mantener una sociedad matriarcal en la cual éstas ocupan posiciones económicas políticas de alto cargo. En su excelente estudio sobre la *fetichización* de Frida, Lindauer indica que el vestido en sí mismo es particularmente un rico símbolo de diferencia cultural que ofrece un desafío a la imposición colonialista, puesto que se erige como referente de una sociedad matriarcal que era conocida por resistir tanto la asimilación cultural como el control europeo y el patriarcal. "En otras palabras, de acuerdo al mito, ellas representaban un pasado que había escapado del régimen europeo, logrando mantener una sociedad mexicana 'verdadera' e incorrupta" (126). El vestido de Tehuana era también un testimonio político del proyecto nacionalista desarrollado por los revolucionarios quienes, después de la Revolución Mexicana, buscaron crear un gobierno de unidad nacional a través de reformas agrarias y sociales. Como indica Milner, esta vestimenta étnica "conforma los esfuerzos similares de mujeres metropolitanas de la clase media para enfatizar la singularidad mejicana..." (11). Frida adoptó tal moda no sólo en sus viajes al exterior, sino también dentro de los círculos de la clase media y alta mexicanos en donde las mujeres aspiraban a llevar ropaje occidental como indicador de prestigio. Para muchos mexicanos, la vestimenta de Frida representaba una mexicanización exagerada de México porque desafiaba el consenso de cultura dominante con respecto a la moda y el estilo, y cuestionaba las convenciones de su época.

Autorretrato en la frontera entre México y los Estados Unidos (1932) y *My Dress Hangs There* (1933)[9] son dos representaciones alegóricas en las cuales la pintora manifiesta, a través de su ropaje y entorno, una crítica explícita hacia la corrupción socio-económica y los sistemas de explotación instaurados por el capitalismo norteamericano. En *Autorretrato*, su figura se sitúa entre la frontera de México y los Estados Unidos, con una bandera mexicana en una mano y un cigarrillo en la otra. Transmitiendo la idea que las dos culturas y los dos países son "dos mundos aparte", en el lado mexicano -a la izquierda del lienzo- las plantas y las flores se ven enraizadas en un suelo fértil y crecen entre las ruinas de un templo maya que se mantiene obediente al orden cosmológico precolombino. Mientras que a la derecha, en los Estados Unidos, cables eléctricos reemplazan las raíces y las plantas. Maquinaria y edificios se levantan como tumbas sobre un cielo opaco cubierto por un velo de smog del que asoma una bandera norteamericana, símbolo del capitalismo y la industrialización.

En esta pintura, Frida no lleva su vestido tradicional de Tehuana, sino un vestido de estilo colonial, cuyo color combina con los rascacielos. Aparte del obvio contraste entre estas dos culturas, el simbolismo en esta pintura ha llevado a críticos a considerar la propia ambivalencia de la artista con respecto a su identidad mestiza. Sin embargo, como observa Lindauer, la figura que aquí se representa no es una expresión de su propia identidad "...ella no es ella misma, es Carmen Rivera, identificada por la frontera sobre la cual se encuentra parada, es una mascarada, un rol técnico, uno que no necesariamente proyecta su postura política, pero que usa su propia imagen como un significante" (130).

Tal despliegue de dramatización de poder sobre su propia persona puede interpretarse como un mecanismo de resistencia pasiva, una postura, un medio de redefinirse a sí misma: "para alterar las relaciones establecidas, cuestionar las nociones de norma y con ello involucrase en actos de resistencia" (O'Neal 129). Las ambiguas referencias culturales en sus pinturas reflejan varios de los temas sociales y políticos relacionados con nociones bipolares de dominación, de presente y pasado, de primitivismo y modernidad, así como complejos puntos de tensión que definen y a la vez perpetúan la dinámica entre las sociedades occidentales y no occidentales.

Otro claro ejemplo es *My Dress Hangs There*. En esta compleja representación de la sociedad norteamericana, Frida critica abiertamente la base del capitalismo simpatizando con las masas oprimidas, las cuales, según se representan en la obra, son invitadas a disfrutar de los productos que ofrece el mercado de consumo solamente para ser explotadas por éste. El típico vestido de Tehuana cuelga entre un inodoro y un trofeo, cables, teléfonos, surtidores de gasolina y edificios se levantan sobre una masa incolora y uniforme de trabajadores que marchan a la ciudad de Nueva York, centro de la maquinaria capitalista. Esta representación alegórica del vestido de Tehuana ha sido interpretada por Milner y por Herrera como un significante étnico de la mexicanidad de Frida y como una proclama de libertad económica. Para otros, como Lindauer, el vestido representa un símbolo de corrupción y de explotación socio-económica por cuanto sirve como procreador de las masas obreras que luego serán explotadas por el sistema. En otras palabras, el vestido representa "los beneficios del empuje capitalista hacia una modernización lucrativa y sus costos sobre el cuerpo y la psicosis social. El vestido está dando a luz a los inmigrantes que vienen a los Estados Unidos para ser explotados por el sistema" (127). Mediante cables, cuerdas y objetos representativos –un teléfono, un surtidor, el retrato de Mae West, iglesias, edificios comerciales– Frida pareciera burlarse de los medios de comunicación masiva, de los procesos políticos y socio-económicos que reorganizan las reglas de hegemonía y subordinación para el beneficio de la expansión de mercado, sin tener en cuenta sus efectos o su impacto sobre la identidad individual y colectiva.

Resulta irónico, sin embargo, que la misma Frida no fuera capaz de evadir la maquinaria capitalista que tanto criticaba. Considerada el icono más importante del surrealismo mexicano, sus pinturas hoy en día tiene tienen el más alto precio que cualquier artista latinoamericano. Tal popularidad se relaciona con el hecho de que en vida, las peculiaridades y la apariencia de Frida eran tan cautivantes e intrigantes como lo son hoy en día. En su visita a París, invitada por André Bretón para la apertura de su exhibición surrealista *Mexique* (1939), la originalidad de su vestido de Tehuana causó gran sensación entre las élites europeas. La diseñadora franco-italiana Elsa Schiaparelli creó, inspirada en Frida, una línea de couture y un vestido que bautizó "la Robe de Madame Rivera". Para promover dicho estilo, la mano de Frida cubierta en joyas apareció en la portada de la revista *Vogue* francesa. En 1997, el diseñador francés Jean Paul Gaultier rescató una vez más el look de la artista mexicana en una colección con mucho éxito y que circuló hasta el 2004 en el Internet.[10] En esta colección, Gaultier deconstruye la figura original presentando una Frida postmoderna, cuyo marcado estilo andrógino combina lo europeo con lo latinoamericano, yuxtaponiendo vestidos y joyería de varias culturas y períodos. Totalmente despojardos de su significado cultural, el vestido de Tehuana de Frida, su peinado y sus joyas, son reinterpretados en un estilo carnavalizado que intenta satisfacer las demandas de los consumidores.[11]

La interpretación de Dale Bauer con respecto al carnaval bakhtiniano es propicia para clarificar la temática de la atribución de poder que resulta en la construcción de Frida como un icono de la alta moda y una figura de culto. Según define Bauer, el carnaval es "el espacio del deseo desenmascarado, sacado fuera del contexto cultural, y relacionado con una economía de la diferencia. Mientras que los discursos autoritarios demandan conformidad, el discurso carnavalesco invalida todos los códigos, convenciones o leyes que gobiernan o reducen al individuo a un objeto de control" (679). Durante el carnaval, la suspensión temporaria de todas las barreras crea un mundo irrestringido en el cual el deseo se encuentra libre de máscaras del discurso autoritario. Este mundo de fantasía provee una oportunidad para que aquellos quienes tradicionalmente no son dueños de poder puedan alcanzarlo, aunque sea por un tiempo limitado. Es sólo entonces, a través de la carnivalización y canivalización del otro exótico, que las comunidades occidentales como las no occidentales logran relacionarse y participar en una sociedad igualitaria, en la cual, las diferencias raciales, económicas, políticas y culturales tienden a suprimirse. En este proceso, los eventos históricos y políticos relacionados con la vida de Frida se encuentran subordinados a favor de aquellos temas que acentúan su individualidad, su feminidad y su estilo mexicano. Tales elementos compensan el discurso totalitario de la globalización, el capitalismo y el neoliberalismo, y se transforman, según opina Cifra Goldman, en parte "de la larga historia de utilizar trabajos artísticos y exhibiciones como mediadores simbólicos para ideologías políticas y transacciones económicas, particularmente entre México y los Estados Unidos" (cita en Lindauer 175).

La carnivalización y rearticulación del "Kahlo-look" como un objeto de consumo que vende personalidad y estilo ha llevado a las revistas de moda a disimular la condición física de la artista a través del retrato de modelos Kahloescas que sólo acentúan el exoticismo de la ropa de Frida y la seducción de su persona. Es notable, como observa Lindauer, que mientras algunos aspectos de la Fridamanía se ajustan a la reducción masculinista de la persona de Frida a la categoría de "mujer" acentuando su sensualidad y su feminidad, otros personifican a la artista como icono de resistencia de género enfatizando su vello facial y sus deformidades físicas (162-3). Dentro de este marco, el valor de mercado del fenómeno de Frida se ha asociado también con las culturas *underground*, como la cultura cibernética. En *Simians, Cyborgs and Women* (1991), Donna Haraway introduce la idea de la cultura cibernética como una fuerte crítica a la ciencia y la tecnología. El *cyborg* –o figura cibernética–, según Haraway, es una imagen condensada de la imaginación y la realidad material. Como tal, el cuerpo deconstruido de Frida encarna un arquetipo postmoderno de la contracultura cibernética al explotar su deformidad, dolor y sufrimiento como un objeto de consumo que resulta atractivo a aquellos consumidores fascinados con la mezcla perversa de los impulsos naturales y la tecnología (1-4). Adscribiéndose a las teorías de Haraway, Daniela Falini sostiene que Frida se antepone a las tendencias culturales postmodernas, puesto que su trabajo trata sobre los límites entre lo invisible y lo visible, la fragmentación, la transformación y las mutaciones de diversos tipos, configurando una biografía colectiva del caos emocional y físico característico de la sociedad contemporánea.

La trágica vida de Frida ha sido representada en obras musicales - como por ejemplo *El Show de Migdalia Cruz*, el cual se estrenó Brooklyn Academy of Art en 1992- así como en una variedad de documentales y películas.[12] La primera producción cinemática sobre su biografía, *Vida y Muerte de Frida según fue referida a Karen y David Crommie* fue estrenada en 1965 y presentada en el Festival Internacional de Cine de San Francisco en 1966. La segunda fue dirigida por el director mejicano Paul-Leluc, *Frida, Naturaleza Viva*. Esta película fue producida en 1985 y ganó reconocimiento internacional por la extraordinaria rendición de la vida de la artista. La tercera, bajo la dirección de Julie Taymor con la actriz mexicana Salma Hayek en el rol de Frida, Alfred Molina como Diego de Rivera y el actor australiano Geoffrey Rush como Leon Trotsky fue estrenada en octubre de 2002[13] . Aunque *Frida* fue bien recibida por la audiencia y los críticos norteamericanos, los espectadores mexicanos criticaron que la interpretación de Hayek como superficial y desapasionada, una pobre versión del carácter de Frida. Según Perla Ciuk:

> El guión, escrito por cinco ignorantes irresponsables, apenas se refiere a la historia del movimiento muralista y el surrealismo, cuando de hecho, Diego y Frida son su historia [...] Todo es superficial en esta narración, Frida sufre, pinta, ama y engaña en el mismo tono patético con el cual el gran camarada Diego Rivera (Alfred Molina) -un personaje sin el cual el comunismo mexicano sería inexplicable- es retratado como un 'gordinflón' mujeriego, borracho e irresponsable.[14]

Originalmente, por su gran admiración, la actriz y cantante Madonna soñó con obtener el papel protagónico en esta producción. En una entrevista publicada en *Vanity Fair* en Octubre de 2002, Madonna confiesa a Steven Daly, su amor por *My Birth* de Frida, pintura que la diva despliega orgullosa sobre en un estante en su casa. "Ah, mi Frida", dice Madonna. "Lo llevo conmigo a todas partes envuelto en papel burbuja y en una bolsa de plástico de Sainsbury [supermercado]. Sólo para que nadie piense que estoy llevando algo de valor" (360). Tal como explica Madonna, el consumo y la canivalización del arte de Frida "solo para mis ojos", denota por un lado, una superficial apreciación por el arte de la artista, y por otro, una crasa objetivización de una pintura reconocida, cubierta en plástico no para proteger la obra en sí, sino para ocultar su valor de mercado a las masas "ignorantes". Janice Bergman-Carton encuentra que la conexión Madonna/Frida es:

> un ardid de los publicistas de Hollywood, empresarios del mundo del arte y de Madonna misma para explotar un mecanismo publicitario muy antiguo y confiable, la del código de validación del artista/celebridad. En esta transacción, Frida es considerada mejor artista (inversión) porque su arte es coleccionado por Madonna, y Madonna, a su vez, es considerada una celebridad (inversión) más seria y respetable porque colecciona el arte de Frida. Esta reciprocidad resuena en las taquillas de cine, las entradas de museo, las compañías discográficas y el mercado del arte. (Cita en Lindauer 173)[15]

Mientras que el consumidor norteamericano aprecia la imagen de Frida como un significante para ganar aceptación dentro de la élite social a la cual aspira pertenecer, para la comunidad hispanoamericana -y en particular, las mujeres- Frida es un símbolo de feminidad y fuerza. Bajo este enfoque, la artista se erige como un icono representativo de las latinas en los Estados Unidos, por cuanto su arte ilustra la conflictiva experiencia de crecer y sobrevivir en lo que la poeta Chicana Gloria Anzaldúa define como *the Borderlands* (entre fronteras): un terreno común para toda las personas divergentes que viven y comparten el gozo de ser parte de más de una cultura, lenguaje, clase y raza (28). La percepción de Anzaldúa es compartida tanto por las chicanas como por las mujeres mexicanas, quienes, criadas dentro de culturas minoritarias, luchan por deconstruir las representaciones misóginas y/o racistas de la sociedad norteamericana. Para ellas, el trabajo de Frida es simbólico del proceso de restauración y descolonizacion del sujeto femenino; un proceso que comienza con el reconocimiento de sus raíces y pasado histórico, y que concluye con la reinscripción de su derecho a participar y a ser social y políticamente integrantes de una comunidad.[16]

¿Evita o Madonna?

La carismática figura de Eva Duarte de Perón y su capacidad para atraer tanto la atención de los medios y la admiración de las masas, amerita un breve análisis en este estudio, dado que aún hoy en día, cuarenta años después de su muerte, la legendaria historia de Evita y su ascenso social aún permanece vigente. Las teorías de construcción de género y *performance* son apropiadas para explicar las maneras en las cuales la teatralidad de Evita se transformó en una estrategia publicitaria no sólo para catapultar su imagen, sino también, según Silvia Pellarolo, como "una maniobra política para ganar espacio público y visibilidad política para el reconocimiento de sectores de la sociedad tradicionalmente excluidos" (35). La experiencia de Evita como actriz, al igual que sus actuaciones en la radio, películas y escenarios, le ayudaron a desarrollar un estilo melodramático que luego sirvió como una poderosa arma de seducción en su carrera política como Primera Dama de Argentina.[17]   Muchos de sus biógrafos concuerdan en que su corta carrera como actriz sería un ensayo final para el futuro papel que jugaría en la historia de su país, y una vez dada la oportunidad para ser ella misma, Evita se transformó en la actriz de su propia agenda, haciendo de los medios, su medio, y del país, su escenario. Su popularidad incrementó aún más cuando en 1947, compró los diarios *Democracia* y *El Mundo* para promover sus actividades y las de la Fundación Eva Perón. Tal como examina Joan Barnes: "Evita se apoderó y controló las cuatro principales estaciones de radio de Buenos Aires, y mediante su influencia sobre el Ministerio de Información, ejerció sus derechos de censura sobre el contenido de las noticias en las treinta y tres estaciones de radio de Argentina" (75).

Aún antes de ser la esposa del presidente, en su carrera como actriz, Evita cuidadosamente construyó su imagen para proyectar el *glamour* y el *sex appeal* de las famosas divas de la pantalla grande de su tiempo –Joan Fontaine, Lana Turner, Kim Novak y Marylin Monroe– con un aire local encarnando "del nuevo modelo de belleza argentina: una mezcla atractiva de la pantalla de Hollywood con el toque natural de las heroínas del melodrama vernacular" (Pelarollo 29). Consciente de la poderosa influencia que los medios masivos ejercen sobre la audiencia, desde el primer momento en que se transformó en la Primera Dama, Evita contrató a un séquito personal de diseñadores de moda, artistas de maquillaje, consultores de imagen, escritores de discurso y hombres de publicidad, para lograr "para el mismo fin: crear una leyenda" (Wilkie y Menell 134).

Después de su casamiento con Perón, Evita fue una de las clientes más importantes de Christian Dior y "hacia 1948 poseía más de cien pieles y una colección de joyas que, se dice, rivalizaba con las de Cleopatra. Sus opositores la criticaban por ser tan extravagante, pero Evita sabía que el vestirse elegantemente era una forma de decirle a su gente, 'yo fui una vez como ustedes, y mírenme ahora, ustedes también pueden ser como yo'" (Wangemann 3). Según Marysa Navarro y Nicholas Fraser, las casas de alta costura de Christian Dior y Marcel Rochas le enviaban diseños de ropa a través de la embajada francesa en Buenos Aires o le enviaban directamente la ropa que consideraban apropiada para la Primera Dama (98). Es interesante destacar que la misma Elsa Schiaparelli quien tan entusiasticamente se relacionó con Kahlo, rehusó a reunirse con Evita. En su autobiografía, la diseñadora escribe que ella podría haber conocido a Evita en el Ritz de París: "Evita, a pesar de sus intereses políticos, amaba las joyas y la ropa, pero en lugar de ir por ellos, llamaba para que le fueran despachados. Yo fui invitada a servirla, pero no fui. Un gran número de otros modistos y joyeros fue llamado a verla en un día específico" (228).

Al ubicarse como símbolo de consciencia social y como modelo al cual las mujeres argentinas podían aspirar, Evita se transformó en la personificación del deseo, sirviendo como catalista a las esperanzas y las necesidades del proletariado. Siguiendo el modelo del fascismo de Mussolini, el discurso peronista buscó entonces tomar ventajas de la dinámica entre las clases sociales. Su ideología promovía un nuevo modelo de una nueva clase emergente nacida del contexto popular en oposición a los regímenes oligárquicos y capitalistas, los cuales, según la opinión de Evita, colaboraban con las potencias extranjeras.

La imagen pública y el lujoso vestuario de la Primera Dama, sin embargo, reflejan su ambivalencia hacia la pobreza y la riqueza. En su calidad de esposa del presidente, Eva Perón vestía a la moda de Europa, y como Evita, la Santa Patrona de los Descamisados, limitaba su vestuario a un simple rodete y a un traje sastre con solapa de terciopelo. En su biografía *La razón de mi vida*, publicada en 1951, justifica la ostentación de sus joyas y vestuario explicando que ella sólo trata de ajustarse al protocolo correspondiente al papel que debe desempeñar:

> Unos pocos días al año, represento el papel de Eva Perón; y en ese papel creo que me desempeño cada vez mejor, pues no me parece difícil ni desgradable. La inmensa mayoría de los días soy en cambio Evita, puente tendido entre las esperanzas del pueblo y las manos realizadoras de Perón, primer peronista argentina, y éste sí que me resulta un papel difícil, y en el que nunca estoy contenta de mí (88).

Públicamente, Evita rechazaba la crítica pública refutando que la mayoría de sus joyas no le petenecían y que eran simplemente símbolos de la apreciación de sus amigos y de gobiernos extranjeros. En su lecho de muerte pidió que todas sus joyas fuesen devueltas a la gente: "No quiero que caigan en manos de la oligarquía, por eso quiero que permanezcan... como una fuente permanente de crédito para que los bancos puedan usarlas para el beneficio de la gente" (90).

El estado actual de sus posesiones es desconocido, pero el mito y el legado social de Evita se ha mantenido vigente a través de innumerosas biografías, documentales, películas y musicales, los cuales, han contribuído a la perpetuar su leyenda.[18] Sin duda, la versión más popular hasta la fecha es el exitoso musical *Evita* compuesto por Andrew Lloyd Webber y Tim Rice (1978), obra ganadora de siete Premios Tony y ocho premios de la Academia de Crítica Dramática de Los Ángeles.[19] En 1996, en años posteriores a su estreno en Londres, el musical fue finalmente llevado a la pantalla grande y producida por los directores Oliver Stone y Alan Parker con Madonna en el papel de Evita, Antonio Banderas, como el revolucionario Enesto "Che" Guevara en calidad de narrador, y Jonathan Pryce, personificando a Juan Domingo Perón. A pesar de las críticas negativas la película fue galardonada con un Oscar de la Academia de Hollywood por su música, con tres premios Golden Globe, recaudando una ganancia de $160 millones de dólares sobre los $60 millones del costo de producción.

Uno de los factores que aportó a la película una popularidad inmediata fue el promocionado conflicto entre los productores cinematográficos y los diferentes sectores sociales de Argentina quienes se oponían a la idea

de que una actriz tan controversial como Madonna encarnara el papel de
Evita. Mientras que, por un lado, las clases altas y los segmentos militares
preferían reprimir el mito de Evita; por otro, las audiencias peronistas
percibían que la sexualidad extrovertida de Madonna no sólo perjudicaría
la memoria de Evita, sino que además, representaría una versión falsa de
su carácter. Según señala Pellarolo, las audiencias argentinas se oponían a
la idea de que Madonna representara a Evita porque tal metonimia quizás
"demistificaría la dicotomía de 'santa-prostituta' que tanto los sectores a
favor como en contra han llegado a aceptar como una forma segura de
inmortalizar su memoria"(35). A pesar de la crítica, Madonna, atraída por
tal oportunidad, tomó parte en la producción asegurando a los argentinos y
a los productores que ella tenía más en común con Evita que sus orígenes
humildes y su ambición por fama y poder: "Yo soy la única que merece
representar el papel de Evita. Yo soy la única que puede entender su pasión
y su dolor".[20]

Aunque quizás sea cierto que Madonna y Evita tuvieran motivaciones
semejantes –como la ambición de éxito y de reconocimiento popular– sin
duda, su cualidad más sobresaliente es su habilidad para transformar,
actualizar y representar su imagen a través de la efectiva manipulación de
los medios de difusión y medios publicitarios.[21] A través del discurso
mediático, Madonna, como icono popular, acentúa sus atributos físicos y
su sexualidad con el fin de deconstruir tabúes y construcciones patriarcales
de género; Evita, del mismo modo, construye de su imagen un símbolo
social y un cuerpo político con el cual logra fabricar un mito de sí misma
como líder, como mártir y como santa patrona del proletariado.[22] Para
James Wilkie y Mónica Menell, esta manipulación de la figura de Evita
puede entenderse en términos de *elitelore* –o, la cultura de las élites – un
método refinado de auto-justificación de las clases altas para mantenerse
su poder y un medio para influenciar y ganar la apreciación de las minorías:
"el *elitelore* se mezcla con el folclore, para crear una propia realidad que
se percibe como el folclore de las minorías. El resultado es un focklore
ficcional que puede tener resultados distintos de los originales" (101). Con
el correr del tiempo, las nuevas generaciones comienzan a aceptar
colectivamente esa interpretación ficcional y a incorporarla en sus propias
tradiciones. Este concepto es relevante porque nos ayuda a entender las
sutilezas de la reestructuración cultural y su impacto en el imaginario
colectivo. Así como la figura pública de Evita perturbaba a la clase regente
y a las fuerzas armadas porque desafiaba y carnavalizaba las nociones
tradicionales de propiedad en la práctica política, Madonna también se
transformó en un signo peligroso que amenazaba la memoria narrativa de
Evita, según la construcción de las élites como figura bipolar, aceptada
por ambos segmentos opositores. Tal transferencia de la tradición popular

a la cultura de la industria –o del folklore a la *elitelore*– en relación con la identidad de Evita personificada por Madonna, no sólo crea una interesante efecto de espejo del cual pueden trazarse varias analogías, sino que además ayuda a detectar las compleja red de símbolos y significantes que produce la industria mediática.

Junto con el proceso de transferencia de identidad, la metáfora visual de Evita/Madonna sacrifica a la persona política y el contenido de su discurso ideológico en favor de aquellos aspectos melodramáticos de su personalidad que parecen atraer la atención popular (como su ambición de poder, su seducción física, y su ascención política y social). Por otra parte, la representación de la líder argentina por Madonna, irónicamente contribuye a realizar el sueño de Evita de llegar a ser una estrella afamada de Hollywood. Paradójicamente, para Evita, la fama llega al alto precio de rendir su propia identidad e imagen a la interpretación de Madonna, por cuanto es la figura de la cantante pop, y no la de la activista política, la que las audiencias ven en los cientos de avisos y campañas publicitarias que promocionan la película. Cabe preguntarse cúanta gente, al pensar en Evita, imagina la figura de Madonna.[23] Tal como indica Marta Savigliano: "Madonna, la super estrella modela la manera en que la imagen e historia de Evita alcanzará a los espectadores [...] Nadie parece dudar que la Evita que los chicos Argentinos reconocerán es la representada por Madonna en la película de Hollywood de Alan Parker, y esto les molesta" (2002, 357).[24]

Cabe señalar que el excelente análisis de Savigliano sobre la interpretación romántica de Hollywood sobre la vida de Eva Perón coincide con la opinión de la crítica mexicana Perla Ciuk con respecto a la producción cinematográfica de Frida Kahlo, "Ha visto *Evita*?", pregunta Savigliano: "No Eva, no Eva Duarte, no Eva Perón, pero una versión de su carácter mítico en diminutivo; no sólo un escorzo, sino una reducción, desde el comienzo, para situar a los espectadores cómodamente, para ayudarlos a examinar más detalladamente a una Eva domesticada, una Eva familiar" (2002: 344). Como indica Savigliano, tal reconstrucción del mito, tiende a asentuar lo emocional y los deseos personales a la vez que neutraliza la ideología política de dicha figura. En este proceso, no sólo la fuerza interior y el carácter autónomo de Evita es suavizado y reprimido, sino que además, "la figura pública, la política es personalizada y consecuentemente, banalizada" (2002, 344).

Fredric Jameson considera que la reestructuración de la cultura y la canibalización casual de la historia según las pautas sentadas por la posmodernidad han producido un proyecto de mercado global, transcultural y transhistórico en el cual, las distintivas expresiones culturales, sociales y

artísticas –como surrealismo y realismo mágico tan populares en la literatura
y arte de América Latina– se han convertido en objetos de consumo masivo
(cita en Shaefer 11). La globalización, según Valentine Moghadam, influye
de manera negativa en las sociedades contemporáneas –incluendo las del
Tercer Mundo– puesto que éstas tienden a adolecer de Occidentalización
o Occidentitis: "una plaga del Oeste, un fenómeno de Occidentalización
excesiva que deja a los miembros (usualmente aquellos educados dentro
de un sistema Occidental) de la comunidad alienados de su propia cultura"
(120). Tal como examina Savigliano, lo paradógico es que al darse cuenta
de que la curiosidad etnográfica del occidente colonizador se basa en el
interés superficial de canibalizar temas y tradiciones populares, las culturas
subalternas, minorías y no occidentales –quienes, a su vez, tratan de habitar
dentro de los parámetros de la posmodernidad– exacerban su pasión,
primitivismo y exoticisimo para fomentar el deseo del colonizador y, con
ello, ganar reconocimiento global, inclusión y representación dentro del
mercado mundial (1995, 3).

Actuando como un caleidoscopio global en el cual convergen todas
las culturas, la posmodernidad abarca y reorganiza un amplio espectro de
símbolos culturales, mitos e imágenes con el fin de transmitir la idea de
libertad y de auto-expresión "orgánicamente ligado a la concepción de
una identidad auténtica y privada que puede generar su visión única del
mundo y forzar su propio estilo personal" (Sarup 146). En el universo
posmoderno en donde todo es simulacro o simulación de la realidad, no
existen incentivos para volver a lo social o para generar nuevos ideales a
nivel colectivo. Pacientemente consumiendo y envuelta en los que Jameson
denomina "la esquizofrenia del consumidor", la gente se olvida de la política
y de los problemas que aquejan a la sociedad y al mundo en su totalidad.
Baudrillard y los latinoamericanistas John Beverly y José Oviedo, coinciden
en que "la producción de un 'sublime' posmoderno en relación a América
Latina requiere la fetichización estética de su status quo social, cultural y
económico. Para atenuar la urgencia de un cambio social que sea radical,
desplazándolo al diletantismo y a la pasividad cultural" (3).

Si concordamos con el concepto del crítico marxista Antonio Gramsci
que todo es político, entonces debemos preguntarnos si la vocación de
lograr un ideal social, económico y político absoluto es todavía una
posibilidad o si debemos rendirnos y adorar al nuevo paradigma de
libertades múltiples que ofrecen el mercado y los medios.

Notas

¹ Para más información consultar de Jean Baudrillard *For a Critique of the Political Economy of the Sign* traducida por Charles Levin (St. Louis, MO: Telos Press, 1981). También de Baudrillard, *Simulacra and Simulation* traducido por Sheila Faria Glaser (Ann Arbor: University of Michigan Press, 1994), y *Seduction* traducido por Brian Singer. (New York: St. Martin's Press, 1990). Para una noción general del tema consultar de Madan Sarup *An Introductory Guide to Post-Structuralism and Postmodernism* (Athens: The University of Georgia Press, [1988], 1993).

² Nacida Magdalena Carmen Frieda Kahlo Calderón, la artista adoptó el nombre de Frida y cambió su fecha de nacimiento al año 1910 para igualarlo con el de la revolución mejicana.

³ La leyenda de Ernesto "Che" Guevara no sólo se ha representado en documentales y en películas como *The motorcycle diaries,* sino que además, su nombre y figura es un icono popular que aparece en camisetas, postales y otros objetos de consumo en América Latina. Otro revolucionario mitológico cuya imagen resulta atractiva a los consumidores es Pancho Villa. Antonio Banderas (actor quien también representó el papel del "Che" Guevara en *Evita*) interpretó a Villa en una película producida por HBO, *The Life of Pancho Villa.* En 1972, Hollywood estrenó *Pancho Villa,* con el actor Telly Savalas en el papel principal. Finalmente, la vida de Carmen Miranda fue llevada a la pantalla grande por Helena Solberg bajo el título, *Bananas Is My Business.* Para más información sobre estas películas y actores consultar "www.reel.com/movie.asp?MID= 11876".

⁴ Considerando que estas son dos figuras reconocidas dentro del ámbito político y social, y para evitar la confusión en torno al nombre y apellido Juan Domingo Perón, en este ensayo, me referiré a estas figuras empleando su nombre de pila.

⁵ El 2 de agosto de 1951, la Confederación General del Trabajo propuso la formula Perón –Evita; sin embargo, debido a su cáncer y la oposición de los segmentos militares, Evita declinó esta nominación.

⁶ De acuerdo con Margaret A. Lindauer, el reconocimiento de la obra de Frida comienza con el autorretrato empleado por el Museo Metropolitano New York para promocionar *Mexico: the Splendors of Thirty Centuries,*

una exhibición de arte mexicano en 1991 (1). Un ejemplo de la Fridamanía es el siguiente anuncio en el internet, "Pinturas de Frida Kahlo en sus cheques personales. Solicite sus cheques con el arte de Frida Kahlo. La próxima vez que escriba un cheque, hágalo en una obra de arte en "www.checkworks.com".

[7] *Frida Kahlo* de Frank Milner, cubierta posterior.

[8] Consultar además, Andrea Kettenman, *Frida Kahlo 1907-1954: Pain and Passion*. (Cologne Bendikt Taschen, 1993): 26 y de Janice Helland, "Aztec Imagery in Frida Kahlo's Paintings: Indigenity and Political Commitment", *Women's Art Journal* II (Otoño 1990/Invierno 1991): 8-13.

[9] Consultar *Autorretrato en la frontera entre México y los Estados Unidos* (1932) en "http://www.pbs.org/weta/fridakahlo/worksofart/borderline_esp.html" y *My Dress Hangs There*(1933) en "http://www.mystudios.com/women/klmno/kahlo-dress-hangs-there.html".

[10] *Elle* (May 1998), *Mirabella* (Nov. 1990), *New York Times* ("Frida report," Feb 1990), *Vogue* (April 1990), *Time Magazine* (Oct. 2001), *Elle* (Nov. 2001), *Harpers Bazar* and *Vogue* (both in Dec. 2001) son algunas de las tantas revistas en las cuales se reinterpreta el estilo y vestuario de Frida. Además del sitio de internet de Jean Paul Gaultier "www.fridakhalo.com".

[11] Para mayor información sobre este tema referirse al texto de Jean Baudrillard, *Consumer Society* (1970). En su viaje a los Estados Unidos en 1933, Frida comenta que las norteamericanas han comenzado a imitar su estilo: "algunas de las mujeres gringas están imitándome tratando de vestirse 'a la mexicana', pero las pobres sólo parecen repollos y para serte honesta, parecen absolutamente ridículas" (cita en Baddeley de la biografía de Hayden Herrera, 12).

[12] Esta obra fue editada en *Puro Teatro: A Latina Anthology,* Alberto Sandoval y Nancy Saporta-Sternach, eds. (Tucson: The University of Tucson, 2000): 337-390. otras obras son *Helen y Frida* (1998), basada en el cuento de Hellen Keller y la vida de Frida Kahlo. Además *Goodbye, My Friduchita* (1999), por la dramaturga Dolores C. Sendler. *Frida, retablo* por Daniel Malán (2002), *La Casa Azul* por Robert Lepage y Sophie Faucher (2002), *Recuerdo* por Rosanne Ramos (2002), y *Tres Vidas*, obra musical para actriz y tres músicos. Esta obra se basa en las vidas de Kahlo, la poeta argentina Alfonsina Storni y la activista salvadoreña Rufina Amaya, escrita por Marjorie Agosín. Consultar "www.fridakahlo.it/teatro.html".

[13] Otras fuentes de datos son *Salma Hayek is Frida Kahlo*, en (http:// hayekheaven.tripod.com/frida/news.html). Este sitio contiene información de la publicidad de la película de Hayek. En su edición del 10 de Octubre de 2001, la revista *Time* publicó "The New Mexico" con Salma hayek como Frida Kahlo en la cubierta.

[14] De mi propia traducción. Algunos críticos norteamericanos concuerdan con la opinión de Ciuk, "Dudo que los resultados hayan complacido a Kahlo, cuya originalidad en materia de vida, arte e ideas, era mucho más productiva" (David Sterrit en *Christian Science Monitor*); "A pesar que *Frida* de Julie Taymor es más fácil de tragar que la disparatada *Titus*, la película carece considerablemente de brío" (Ed Gonzalez, *Slant Mgazine*); "Hermosa a los ojos, pero emocionalmente chata" (Laura Clifford, *Reeling Reviews)* "Un triunfo técnico y un aburrimiento extraordinario" (Walter Char, *Film Freak Central*). Consultar además "www.rottentomatoes.com".

[15] *The Two Fridas* (Las dos Fridas) es otra versión de la vida de Kahlo, producida e interpretada por la cantate-actriz Jennifer López. Como la película de Hayek fue lanzada primero, la producción de López se suspendió hasta nuevo aviso. Para coronar la popularidad de Kahlo en el 2001, el servicio postal norteamericano honró a la artista con una estampilla conmemorativa de 34 centavos de *Autorretrato con Collar* (1930), en una ceremonia celebrada en el Museo de Arte de Phoenix, Arizona; un evento que coincidió con la decimonovena Convención Anual de la Asociación Nacional de Periodistas Hispanos.

[16] El poema de Sandra María Esteves, *Raising Eyebrows* dedicado a Frida Kahlo es un perfecto ejemplo de tal admiración. "Here we are Frida/ Sisters face to face/You hanging on museum walls/Yours canvass singing/ Familiar womansong/ In bramble bush hair/Eagle eyebrow wings/Blood-stained wedding dress/Cloudy sky fan/Unspeakable man-suit/Where we met/Thru different times/Finding each other at last/Your colored visions seeing/Into my magic world/Under the surface/Where nothing much as changed [...] I offer you this time/The way you your brushstroke sacrifices/ Offers your soul to us/Some called you crazy/What did they really know?/ Opinionated woman/Shut into wrenching poems/Silenced into speaking paintings/ Where I imagine/More than sisters/Seeing what you see/Seeing myself thru you/Clear as crystal/Drinking water from your brushstroke/ Reflections in the mirror" (124). En *Other Words: Literature by Latinas of the United States* por Roberta Fernández, ed. (Houston, Texas: Arte Público Press, 1994).

[17] Luego de llegar a Buenos Aires, obtuvo papeles secundarios en las siguientes obras teatrales: *La señora de los Pérez* (1935), *Cada casa es un mundo, Mme. San Gene, La dama, el caballero y el ladrón* (1936), *Los inocentes* (1937) y *La nueva colonia* (1937). Sus papeles más significativos en el cine fueron *La cabalgata del circo* (1940) y *La pródiga* (1945), esta segunda película nunca fue estrenada. En 1939, Eva participa en varias telenovelas radiales en *Radio Argentina, El Mundo*, y desde 1943 a 1945, interpreta las biografías de mujeres ilustres en *Radio Belgrano*.

[18] Ver Eva Perón *La razón de mi vida* (Buenso Aires: Ed. Peuser, 1951) y *Evita by Evita: Eva Duarte de Perón Tells Her Own Story* (New York: Proteus Publishing Co., [1978], 1980). Consultar el excelente análisis de la obra narrativa de Evita por David W. Foster, "Narrative Person in Eva Perón's *La razón de mi vida*". En *Woman as Myth and Methapor in Latin American Literature*, Carmelo Virgilio y Naomi Lindström, eds. (Columbia: University of Missoury Press, 1985). Según explica Foster, más que una biografía, *Razón* puede interpretarse como "una seria declaración política de una narrativa de ficción artísticamente diseñada para tocar las cuerdas emocionales de una simpatética audiencia; *Razón* merece su papel importante como un ejemplo elocuente de la literatura producida por la cultura popular peronista" (77). Consultar además de J.M. Taylor, *Eva Perón: The Myths of a Woman* (Chicago: University of Chicago Press, 1979, 1981) y de Alicia Dujovne Ortiz, Eva Perón, traducida por Sean Fields (New York: St. Martin's Press, 1995).

[19] Andrew Lloyd Webber y Tim Rice, *Evita" The Legend of Evita Perón (1919-1952)*. (New York: Avon, 1979). Patti Lupone and Elaine Paige son algunas de las exitosas actrices y cantantes en interpretar el musical desde su debut en 1978. Entre las producciones cinematográficas también se destacan *Evita Perón: First lady* (1981) de Marvin Chomsky; la película de la NBC con James Farentino y Faye Dunaway y de Carlos Pasini, *Queen of Hearts* (Reina de Corazones), producida por Thames Television en Gran Bretaña.

[20] Según Michael Warren, esta declaración forma parte de una carta de ocho páginas que Madonna le envió a Alan Parker pidiéndole que la contrara para el papel de Evita. Ver www.wbr.com o www.madonna/journey-on.com/evita.

[21] Para un interesante análisis de las semejanzas entre las dos figures, consultar de Michael Warren "Eva and Madonna: Parallel Lives?" www.journey-on.com/evita/art2.html. Savigliano estima que la mejor

cualidad de Madonna es "su falta de profundidad. Su chatura es precisamente lo que le permite que su imagen se luzca como icono. En vez de personificar o actuar papeles diferentes, ella se apropia de ellos. Su habilidad para ponerse cualquier vestimenta en cualquier momento le otorga un aura de poder signada por el éxito y la manipulación" (2002: 346).

[22] Según Paul Montgomery, Evita había planeado la construcción de un mausoleo de 449 pies de alto y para el cual había determinado dos condiciones: el arquitecto debía ser peronista y la estructura debía ser más alta que la estatua de la libertad en Nueva York (305 pies de alto)" (Wilkie y Mennell 114).

[23] Por ejemplo, Jimmy Wilson opina, "la actuación de Madonna fue la major de todas hasta el momento. Ni por un segundo sentí que estaba mirando a Madonna, estaba mirando a Eva. Madonna, en esta película, ha probado ser una actriz". En www.geocities.com/Broadway/2804/frame.html.

[24] Al llegar a Buenos Aires, Madonna se encontró con varios carteles en la ciudad con la leyenda: "Evita hay una sola y es nuestra" (Savigliano 2002: 357).

Obras citadas

Anzaldúa, Gloria, *Borderlands/La frontera: The New Mestiza* (San Francisco: Aunt Lute, 1987).

Bakhtin, Mikhail, *Problems of Dostoevsky's Poetics.* Caryl Emerson, ed. (Minneapolis: University of Minneapolis Press, 1984).

Bauer, Dale, "Gender in Bakhtin's 'Carnival' from *Feminist Dialogics*", *Feminisms: An Anthology of Literary Theory and Criticism.* Robyn Warhol and Diane Price Herndl, eds. (New Jersey: Rutgers University Press, 1991): 671-690.

Beverly, John y Oviedo, José, eds., *The Postmodern Debate in Latin America* (Durham: Duke University Press, 1990).

Bhabba, Homi, *Nation and Narration* (New York: Routledge, 1990).

Ciuk, Perla, *"Frida: entre palomitas y Coca light"* ["Frida: Between Popcorn and Light Coke] (www.noticine.com/noticine/secciones/critica_film.asp).

Daly, Steven, "Madonna Marlene", *Vanity Fair* 506 (October): 308-13.

Falini, Daniela. "Kahlo's Disturbing Art", (http://www.fridakahlo.it/distart2.html).

García Canclini, Néstor, "Modernity after Postmodernity", *Beyond the Fantastic Contemporary Art Criticism from Latin America*, Gerardo Mosquera ed. (London: The Institute of International Visual Arts, 1996).

—., *Consumers and Citizens: Globalization and Multicultural Conflicts* (Minneapolis: University of Minnesota Press, 2001).

Haraway, Donna, "Frida Kahlo: A Postmodern Icon of the Cyborg", (http://www.fridakahlo.it/CYBORG2.HTML).

Herrera, Hayden, *Frida: A Biography for Frida Kahlo* (New York:

Harper & Row, 1983).

Jameson, Frederick, "On Magical Realism in Film", *Critical Inquiry* 12 (Winter 1986): 310-319.

Lauer, Mirko, "Populist Ideology and Indigenism: A Critique", *Beyond The Fantastic: Contemporary Art Criticism in Latin America,* Gerardo Mosquera, ed. (Cambridge, Mass.: The MIT Press, 1996).

Lindauer, Margaret A., *Devouring Frida: The Art History and Popular Celebrity of Frida Kahlo* (New England: Wesleyan University Press, 1999).

Lyotard, Jean-Francois, *The Postmodern Condition: A Report on Knowledge* (Manchester: Manchester University Press, 1984).

Milner, Frank, *Frida Kahlo* (London: PRC Publishing Ltd. 1995).

O'Neal, Gwendolyn S., "The Power of Style: On Rejection of the Accepted", (New York: Berg, 1999): 127-141.

Pellarolo, Silvia, "The Melodramatic Seductions of Eva Perón", *Corpus Delicti: Performance Art of the Americas,* Coco Fusco, ed. (New York and London: Routledge, 2000): 23-39.

Perón, Eva, *La razón de mi vida* (Buenos Aires: Ediciones Peuser, 1951).

Sarup, Madan, *An Introductory Guide to Post-Structuralism and Postmodernism* (Athens: The University of Georgia Press [1988], 1993).

Savigliano, Marta E., *Tango and the Political Economy of Passion* (Boulder: Westview Press, 1995).

Shaeffer, Claudia, *Textured Lives: Women, Art, and Representation in Modern Mexico* (Tucson: University of Arizona Press, 1992).

Wangemann, Garth, "Evita: The Woman" (Part 3) (http://execp.com/~reva/html73.htm).

Wilke, James W. y Menell-Kinberg, Mónica, "Evita: From Elitelore to Folklore", *Journal of Latin American Lore* 7.1 (Summer 1981): 99-140.

Zamora, Martha, *Frida Kahlo: The Brush of Anguish* (San Francisco: Chronicle, 1991).

Selena: Dos interpretaciones cinematográficas complementarias

Viviana Rangil
Skidmore College

La identidad es un concepto complejo y problemático puesto que no sólo incluye al individuo, sino también a la comunidad. Es complejo, porque existen un número indefinido de variables que intervienen en su constitución, y es problemático, porque puede ser a la vez, esencializante y liberador. Este ensayo explora los factores que determinan la constitución de una identidad colectiva a través de la identidad personal de la cantante Selena, según se refleja en dos películas recientes: *Selena* (1997) de Gregory Nava y *Corpus: Un Video- Home para Selena* (1998) de Lourdes Portillo. Como se examina en este ensayo, Selena encarna un símbolo de comunidad y de nación, pero es un símbolo con significados variables, opuestos, y algunas veces, hasta contradictorios.

Aunque ambas producciones emplean diferentes formatos para recrear los múltiples aspectos de la vida y la gran influencia de Selena dentro del contexto popular mexico-americano; las dos se enfocan en lo corporal, en la postura y en el lenguaje con el fin de articular un mensaje dirigido a la comunidad latina. La narrativa de la identidad de Selena según se demuestra en estas películas se proyecta a la comunidad y constituye una narrativa que por un lado, unifica a los latinos, y por otro, es aceptable para los norteamericanos.

Desde de su muerte en 1995, la popular cantante de Tex-Mex, Selena, ha sido tema para varias interpretaciones literarias y cinematográficas. Dos películas recientes, *Selena* (1997) de Gregory Nava y *Corpus: Un Video- Home para Selena* (1998) de Lourdes Portillo, ofrecen dos representaciones complementarias de esta estrella en las cuales se enfatizan diferentes aspectos de su vida y de su carrera artística. Además, ambas películas construyen una narrativa personal que es, a la vez, colectiva. En otras palabras, debido a que la identidad personal de Selena refleja una identidad nacional, su narración presenta un discurso homogéneo (una narrativa homogeneizante) para la comunidad. Ésta identidad bicultural, producto de la cultura latina y de la americana, intenta satisfacer las expectativas ssocioculturales a ambos lados de la frontera. Cada película, sin embargo, interpreta este fenómeno desde ángulos, técnicas narrativas y puntos de vista diferentes.[1]

Los conceptos de identidad individual y colectiva están tan íntimamente ligados que hasta pueden atravesar un mismo espacio común, moviéndose como una cinta Moebius, sin costuras, de un lado hacia al otro, tocándose sin tocarse.[2] Tales conceptos incluyen tanto al espacio personal (construido como privado y usualmente conceptualizado como homogéneo) como al espacio público (entendido como una manifestación de la narrativa colectiva), los cuales siempre están marcados por la ambigüedad y la dualidad. La narrativa de identidad es siempre dual porque se retroalimenta, por un lado, de lo que es individual y de lo personal por su necesidad de unidad y, por otro, de lo colectivo por su necesidad de inclusión dentro del marco social. También, la narrativa de identidad implica ambigüedad porque el sujeto concebido por esta identidad puede definirse como no-centrado y puede poseer varias identidades alimentadas por lo colectivo. Por lo tanto, no existe una esencia que defina la identidad. El sujeto, sin embargo, entiende su identidad sólo a través de su creencia en una narrativa de identidad personal (descartando la identidad de comunidad).

Las películas de Nava y de Portillo hacen uso del realismo para representar los eventos que marcaron la vida de Selena, y para mostrar cómo los percibió la comunidad latina. Debido a su formato, el documental de Portillo parece ofrecer una versión más "verídica" de los hechos o ajustarse más a la realidad histórica o biográfica. Como se verá más adelante, el discurso narrativo que presenta la obra de Portillo le permite al espectador analizar el rol de Selena dentro de la imaginación colectiva y el significado de su éxito desde el punto de vista de lo popular e intelectual.

Cuando Portillo presenta la película en las series POV (*Point of View*) en PBS explica su motivación y el proceso de realización: "Lo más importante de contar la historia de Selena y de los latinos y latinas es que necesitamos vernos a nosotros mismos reflejados en los medios, necesitamos vernos representados".

La cuestión de identidad es central para Portillo, tema en el cual se hace énfasis mediante el uso de auténticos video clips que muestran noticias acerca del asesinato y el funeral de Selena. También se incluyen escenas de la vida familiar y rutinaria, y rodaje de sus actuaciones durante las diferentes etapas de su carrera. El documental de Portillo empieza con la muerte de Selena, lo que puede, en cierto sentido, considerarse como el fin de una increíble trayectoria artística. Pero, en otro sentido, Portillo trata la muerte de la cantante como el punto de partida para una nueva realidad, en la cual, la fama de Selena y su influencia en futuras generaciones perpetúan su imagen después de su muerte.

A continuación de las escenas del funeral, Portillo incluye una serie de entrevistas con admiradores de todas las edades, y también con su padre Abraham Quintanilla, su hermana Suzzette Quintanilla, y con un grupo de intelectuales entre quienes se destacan las autoras Cherrie Moraga y Sandra Cisneros.[3] Los entrevistados no sólo concuerdan en que Selena era muy bien amada, extremadamente talentosa y que su muerte fue una verdadera tragedia, sino en que además su figura se ha convertido en un modelo para muchas jóvenes chicanas. No obstante, varios están en desacuerdo con los valores que ella representa considerando que, en la imaginación popular, Selena no tiene defectos, sólo virtudes y cualidades para emular. Cabe señalar, y como se discutirá más adelante, que en la opinión de los intelectuales entrevistados, la categorización de la figura de Selena no es tan clara.

La versión de Gregory Nava recrea el comienzo de la vida de Selena con un megaconcierto en un estadio en Houston en 1995. En contraste con *Corpus*, el elemento más importante que se refleja sobre el fenómeno Selena es el proceso que genera una apreciación por el valor artístico de Selena. En otras palabras, la película intenta mostrar que es posible para una joven Chicana (con todas las características que implica la etiqueta) llegar al éxito y al poder económico tanto en los Estados Unidos como en México. Después del concierto en Houston, la narrativa se aleja de la historia reciente de Selena y se centra en los años 60 para mostrar a un grupo de cantantes mexicano-americanos quienes son discriminados por el propietario de un bar debido a su etnicidad. En la siguiente escena, el grupo canta canciones románticas en inglés para un público mexicano-americano que, del mismo modo, los rechaza de inmediato. Como vemos, el grupo fracasa en ambos contextos culturales.

Durante la siguiente escena, Quintanilla, uno de los miembros de la banda, toca la guitarra mientras sus tres hijos juegan en el patio, por lo que inferimos que el grupo se disolvió después de su fracaso. Una de las niñas se le acerca y empieza a tararear una canción. Ésta es Selena y el guitarrista es Quintanilla, su padre. Inspirado por el talento musical naciente de su hija, y posiblemente, interesado en reconstruir su pasado artístico abandonado, Quintanilla decide formar otro grupo musical familiar con el pretexto de reunir a su familia. Abre un restaurante donde sus hijos cantan como parte del entretenimiento y, cuando el restaurante quiebra, la familia se convierte en una banda itinerante de músicos que canta en ferias, carnavales y otros eventos similares.[4]

Los instintos de Quitanilla son buenos, porque sus hijos sí tienen talento, pero el éxito requiere una serie de cambios, tales como actualizar su repertorio. La madre de Selena le enseña a bailar, y con su ayuda, Selena logra una presencia mas sólida en el escenario, ganando sus primeros admiradores. Es entonces cuando se vuelve conciente de su apariencia y de la imagen que proyecta. A partir de ese momento, la joven diseña su propia ropa, el grupo se beneficia con la adición de un guitarrista de rock, y claramente, se percibe que el grupo está en camino hacia el éxito. Un evento significativo ocurre en 1994, cuando el grupo tiene la oportunidad de cantar en Monterrey, México. Quintanilla está preocupado no sólo por la falta de fluidez en español por parte de Selena, sino también por cómo la prensa interpretará tal deficiencia. Selena, no obstante, logra cautivar tanto a los medios como a la multitud que se reúne para verla. Para entonces, Selena se ha enamorado del nuevo guitarrista y, como se esperaba, su padre interviene, argumentando que sus intereses sólo son materiales. Los enamorados se fugan y se casan en secreto. Pronto Selena salta a la fama, obtiene un contrato para grabar su primer disco, gana un Grammy, planea un álbum bilingüe, y establece una cadena de boutiques. Su éxito no tiene límites. El sueño americano, o mejor dicho, el sueño mexicano-americano se ha cumplido. Pero desgraciadamente, su historia no tiene un final feliz. Selena es asesinada por Yolanda Saldívar, presidenta del club de admiradores y gerente general de la cadena de boutiques, a quien, luego se le encuentra culpable de malversación de fondos. Durante gran parte de la película a Selena se la ve cantando y bailando, y haciendo una comparación entre las escenas de *Selena* y los videos de la vida real usados en *Corpus*, se muestra una asombrosa similitud entre la verdadera Selena y la recreación realizada por Nava.

La consolidación de una identidad propia dentro del contexto de un marco cultural específico, y el valor que el marco mismo contribuye, son a la vez, el aspecto más personal de un individuo y aquello que se comparte con su comunidad. Como indica Suzzane Oboler en *Etiquetas étnicas, vidas latinas: identidad y la política de (re) presentación en los Estados Unidos(Ethnic Labels, Latino Lives: Identity and the Politics of (Re) Presentation in the United States [xvii])*, forjar una identidad personal insertada dentro de una identidad de comunidad es particularmente importante en los Estados Unidos porque las etiquetas étnicas están íntimamente relacionadas, en términos políticos, con la distribución de recursos y de oportunidades. Las demarcaciones étnicas (o etiquetas) son una parte integral de la lucha de ambos grupos, los privilegiados y los discriminados. Cada uno intenta redefinir el proceso por el cual se le asigna al grupo un valor social para la distribución y asignación de recursos y de derechos, y por lo tanto, cada uno intenta establecer los puntos que lo diferenciarán del otro grupo.

En cuanto a las películas que aquí nos conciernen, la necesidad de crear una identidad Latina coherente es también una misión específica para los cineastas. Esto es evidente en la película de Nava así como en el documental de Portillo, quien ha señalado: "necesitamos ver nuestras experiencias validadas, de otro modo no existimos, y si no existimos, nos vemos disminuidos por los medios y no podemos permitir que esto pase". El reclamo de derechos y el establecimiento del valor social de los latinos como grupo se basa en la demarcación de una identidad que es primero personal y, después colectiva, y que se halla fundada siempre en los siguientes aspectos: el cuerpo como un factor determinante, la posición geográfica como símbolo de pertenencia, y el uso de un lenguaje específico como medio de legitimización. Con respeto al cuerpo, es importante considerar no sólo su significado para las latinas en general, sino también el rol que desempeña en la construcción de la identidad de Selena, en particular. Elizabeth Grosz indica que las personas no tienen simplemente un cuerpo, sino que el cuerpo es el sujeto y el objeto de actitudes y de valoraciones. El cuerpo carga cierta investidura, y no se le puede tratar de manera indiferente, porque marca quiénes somos y dónde pertenecemos. El cuerpo, o mejor dicho, los cuerpos no pueden ser entendidos adecuadamente como objetos sin historia, preculturales o naturales de una manera simplista; no sólo están inscritos, marcados, grabados, por las presiones sociales externas a ellos, sino que además son producto, efecto directo, de la misma construcción social de su naturaleza. No es simplemente que el cuerpo está representado en una variedad de formas de acuerdo a exigencias históricas, sociales y culturales mientras que permanece básicamente el mismo; activamente, estos factores producen el cuerpo como un cuerpo de un tipo determinado (Grosz x).

En *Selena* y en *Corpus,* el cuerpo juega un papel predominante en la construcción del personaje de Selena. De hecho, en la versión de Gregory Nava, la cuestión del cuerpo interviene aún antes de empezar el rodaje, específicamente en la selección de la actriz que encarnaría a Selena. La actriz tenía que tener características físicas específicas, como labios anchos, piel morena, y, por supuesto, caderas redondas y un buen trasero.[5] En este contexto, y reconociendo las características del cuerpo latino, se reportó que Jennifer López dijo: "Estoy en favor de que los latinos interpreten a latinos, pero decir que una puertorriqueña no podía interpretar a Selena, una chica tejana, es ir un poco lejos. Selena se veía como yo. Ella era morena y muy curvilínea" (Negrón-Muntaner 184).

En general, las mujeres latinas no han sido representadas positivamente en películas norteamericanas. Selena fue un punto de referencia, en ese sentido, porque fue la primera vez que la vida de una joven mujer latina, quien había alcanzado fama y éxito, fue llevada a la pantalla. El cuerpo de Selena es el punto de partida para esta representación, la cual, como cualquier otra, se basa en un sistema de características exclusivas así como también inclusivas.[6] Selena no es alta, no es rubia, no es delgada y no es blanca. Ella es, en las palabras de Portillo "una chica morena" con labios anchos y trasero grande. La individualidad de Selena, en este caso su cuerpo (o sus glúteos, como metonimia de su cuerpo), trasciende su identidad individual y se convierte en un símbolo de identidad de la mujer latina. Como señala Negrón-Muntaner, "De hecho, el trasero de Selena era, desde un punto de vista puertorriqueño, uno de los elementos que no la hacían específicamente chicana, pero sí 'latina', y por lo tanto aceptada más fácilmente como una de nosotros" (185). A pesar del hecho de que Nava no intenta presentar a Selena como un objeto sexual, está interesado en la voluptuosidad del cuerpo latino como un canon alternativo de belleza que no se ajusta al de la mujer estadounidense. Nava entiende que una *pocha* que vive en los Estados Unidos crece pensando que su cuerpo no es bello porque no se adapta a las nociones norteamericanas de la belleza.

Al mostrar a Selena en el máximo esplendor de su cuerpo y vestimenta, Nava crea un discurso subversivo, y a través de las locaciones, el movimiento de las cámaras, la luz, y el diálogo no sólo afirma la belleza de la forma y movimiento de Selena, sino que además las utiliza para representar el grado de represión del cuerpo latino en la cultura norteamericana. Por ejemplo, Nava inunda la pantalla con la imagen de Selena. Muestra su canto y baile en diferentes situaciones, y desarrolla una persona y una identidad por medio de su presencia en un escenario. Al principio, la muestra como cualquier otra adolescente, vestida con chaqueta y jeans. Después, la actriz, pasa por diferentes vestuarios (bustiers, motivos de vaquera, lentejuelas, aretes grandes, peinados elaborados) que iluminan los detalles de su cuerpo, llegando finalmente al Grammy como la Selena que es un icono de éxito y reconocimiento, y quien aparece, en contraste a imágenes previas, luciendo un vestido que oculta sus atributos físicos típicamente más prominentes.

En *Corpus*, Portillo nos invita a reflexionar más sobre este tema. El título mismo, *Corpus*, se refiere a un lugar específico en Texas, pero también significa "cuerpo", y tiene un significado religioso en asociación con la frase *Corpus Christi*: el cuerpo de Cristo como sacrificio, refiriéndose quizás al sacrificio representado por la muerte de Selena. El impacto de la imagen de su cuerpo, incluyendo no sólo sus glúteos, sino también su ropa y accesorios, y la creación de modelos basados en ella, está visiblemente articulado en *Selena* y expresamente articulado en *Corpus*, donde la mayoría de las mujeres entrevistadas indican su aprobación y satisfacción de lo que Selena significa y representa. Una de las jóvenes de la Academia de Artes en Texas dice: "Aprendí de Selena que no tienes que verte de cierta manera, no tienes que tener el cabello rubio." Cherrie Moraga agrega: "Selena le dio a estas chicas una forma de sexualidad chicana, están en su cuerpo, sin vergüenza, están en él, y lo están construyendo." Por otro lado, Sandra Cisneros quiere que reflexionemos sobre ciertos elementos que también contribuyen, aunque negativamente, al significado del cuerpo de la cantante:

> Le estás diciendo a la gente que salga por ahí, que sea sexy y que diseñe su propia ropa. Ese no es un modelo deseable para ninguna joven. Y el hecho de que la única salida que tienes es ser un ser sexual, cantando canciones que ni siquiera son tan buenas y que tienes que morir antes de que tengas 25 y eso te hace exitosa. Así es como apareces en la portada del *Texas Monthly*, consigues que te disparen, te violen, o te golpeen.

Ambos puntos de vista, refiriéndose al modelo que Selena ofrece, ciertamente tienen su justificación y su mérito. El hacerse consciente de la belleza y las posibilidades de un cuerpo que no se ajusta a las normas establecidas por la mayoría de la sociedad es un punto importante en favor del rol del cuerpo de Selena y de su impacto en la construcción de la identidad de las latinas. Por otro lado, como Cisneros sugiere, también es verdad que, con esa imagen, el cuerpo continúa dominando la identidad latina y, en la imaginación norteamericana, continúa representando principalmente lo erótico y voluptuoso, estereotipos consolidados ya existentes acerca de las latinas. Por esta razón, Portillo y Nava intentan contrarrestar esa imagen sexualizada. Nava no incluye ningún tipo de referente o referencia sexual, presentando a Selena siempre segura de su cuerpo, nunca subordinando a éste su carrera musical. Aunque para Nava es importante no enfatizar el cuerpo, es evidente que existe una tensión entre el discurso de la película y sus intenciones como director, porque el cuerpo de Selena continúa siendo un elemento demarcante de su identidad. Portillo, por otra parte, usa las opiniones de sus entrevistados (no intelectuales) para afirmar el impacto positivo que una imagen corporal o de cuerpo como el de Selena tiene en su audiencia. En realidad, la película de Portillo complementa y suplementa la de Nava porque asume el discurso subversivo que Nava inició al mostrar la imagen voluptuosa de Selena, y muestra cómo los segmentos mas jóvenes de la comunidad latina de hoy en día afirman las características del cuerpo latino y cómo manifiestan y viven sus aspiraciones de éxito.

La producción del cuerpo de Selena, como una base fundamental para la constitución de una identidad latina, está marcada dentro de una categoría indefinida entre subversión y obediencia. La obediencia de roles preestablecidos y modelos físicos se demuestra por medio de la supuesta intervención quirúrgica de Selena.[7] La narrativa de identidad oscila entre el pertenecer a lo que se supone debe ser típicamente latino (curvilíneo) y, al mismo tiempo, el modificar esas características para ajustarse a una imagen anglosajona de belleza (el cuerpo más disimulado en un vestido largo en la ceremonia del Grammy que no resalte los contornos). Como señala Grosz, en ciertos contextos, la práctica de la feminidad funciona como una subversión de códigos patriarcales, pero la línea entre obediencia y subversión es tenue y a veces es difícil indicar la posición del sujeto con seguridad. El problema, añade Grosz, es que el sujeto (tanto masculino como femenino) siempre está atrapado en modelos de auto-reproducción y auto-observación que necesariamente recurren a diferentes lazos de poder, sin importar si el sujeto es completamente pasivo u obediente (44). Como se expuso anteriormente, sin embargo, el cuerpo no es el único factor determinante en la representación de Selena. El espacio –el lugar de acción– también influye nuestra percepción de ella y de su rol en la narrativa individual y colectiva. Según Michael Keith, el concepto de espacio está alimentado por la relación entre lo que es real, lo que es imaginario, y lo que es simbólico, lo cual no está por encima de las nociones de verdad y falsedad, pero difiere de ellas (Keith y Pile, 9). Como se presenta en ambas películas, Selena ocupa un espacio fronterizo que es real, imaginario y simbólico al mismo tiempo. El espacio real es Corpus Christi, la frontera entre los Estados Unidos y México, y el lugar geográfico donde Selena desarrolla su carrera artística. Como explican algunos de sus admiradores en *Corpus*, después de su asesinato: "ella era local, ella era de Corpus. Se han llevado algo de mí." Selena es local en el sentido de ser una *homegirl*" (Una chica de casa, una niña de familia). Pero a pesar de ser "local", de un lugar específico, los viajes de Selena dentro y fuera de los Estados Unidos indican una movilidad geográfica, señalando también una identidad escurridiza e indefinida, polifacética.

Las nociones de viaje, de identidades viajeras y de desplazamiento representan otra respuesta a la excesiva rigidez de identidad social. "Viajar" proporciona los medios para conceptualizar las relaciones entre la gente que ya no está tan separada, ni es inaccesible una de otra. Viajar erosiona la fragilidad y la rigidez de límites espaciales y sugiere una identidad social, política y cultural que se amalgama, que desafía la simplicidad comparativa del concepto de "identidad" (Smith y Katz 78).

Viajar, como parte de la vida diaria, familiar y artística, implica una identidad social y cultural flexible, y esta movilidad por consiguiente confiere una identidad personal localizada en diferentes espacios reales. Selena cautiva a la audiencia en el estadio de Houston al igual que a la prensa y la multitud en Monterrey, trascendiendo la frontera entre los Estados Unidos y México. Esta noción de movilidad es especialmente evidente en la película de Nava. Varias escenas muestran el autobús viajando por diferentes caminos, y también vemos las actividades de los miembros de la familia dentro del vehículo. Pero la escena que destaca sobretodo el movimiento geográfico y articula el concepto de identidad es una que se lleva a cabo mientras están cruzando la frontera, dirigiéndose hacia el concierto en Monterrey. Quintanilla está manejando y conversando con Selena y con su hermano, explicando didácticamente (con palabras que son más claramente dirigidas al espectador que para sus hijos) los problemas que enfrenta un mexicano-americano quien vive tratando de pertenecer a dos sociedades a la vez: "Nuestra familia ha estado aquí por siglos y todavía nos tratan como si apenas hubiéramos cruzado el Río Grande. Tienes que probarle a los mexicanos qué tan mexicana eres y a los americanos qué tan americana eres. Ser mexicana-americana es muy difícil".

El espacio imaginario, siguiendo el concepto de Keith, es el espacio ocupado por los latinos en los Estados Unidos y, especialmente, por latinas como una comunidad imaginaria (según los términos de Benedict Anderson). La afirmación más clara de esta idea en *Selena* ocurre cuando, después del concierto en Monterrey, la protagonista dice: "Mis sueños eran los mismos que los de toda la gente. Como si todas sus esperanzas hubieran estado centradas en mi." Selena, por lo tanto, se convierte en un símbolo de lo que significa ser exitosa como latina. Para Portillo: "ella es la personificación de muchas ideas, de muchos deseos. Un modelo ejemplar y complejo." En *Corpus*, entonces, también se reconoce el rol de Selena como unificadora de la comunidad latina, una idea afirmada en el film por Vicente Carranza: "Ella fue la primera en llegar al alma de todos al mismo tiempo. La comunidad mexicana, la comunidad chicana, la comunidad puertorriqueña, todos ellos juntos". Y añade: "*La raza del barrio*, todos se identifican con ella. La clase media-alta mejicanana-americana no se identificó con ella porque no quieren asociarse con la música de la gente de la clase baja. Y los norteamericanos definitivamente no se identificaron por el español. Pero después de su muerte ya no hay barrera".

Finalmente, aún considerando la conceptualización de Keith, podemos definir el espacio simbólico como la posibilidad de ubicar a Selena como una artista bicultural quien se encuentra a la vez, dentro y fuera de dos comunidades y de dos códigos. En *Selena,* Nava articula esta dualidad al principio de la película cuando muestra a Los Dinos (El grupo musical de

Quintanilla) fracasando en dos contextos culturales, precisamente porque no saben cómo hacer puente, es decir, cómo navegar las dos culturas adapándose a los gustos de cada grupo. Selena simboliza la unificación, o mejor dicho sirve de puente entre lo latino y lo anglo. Ella habita dentro de un espacio interfronterizo desde donde es posible valorar las diferencias y semejanzas entre ambas culturas. Su figura representa además el éxito de una 'extranjera' quien triunfa por su propia cuenta, sin ayuda del sistema, y dentro de un sistema de poder (el mundo artístico norteamericano) que tiene códigos extremadamente rígidos (tipo de cuerpo, tipo de música, tipo de coreografía). Selena es la chicana que puede existir y tener éxito en los Estados Unidos, por su 'chicanidad'. Ella es diferente de las demás cantantes populares anglo, y aún así, su diferencia es apreciada por la aceptación y éxito de sus canciones. Selena también encarna el ideal de una mujer quien, aún con características identificables, se le puede llamar trasnacional y que, como tal, trasciende los límites geográficos de Estados Unidos. En este sentido, su historia, como se representa en estas dos películas, intenta reconceptualizar la noción de los espacios (geográfico, imaginario, y simbólico) que supuestamente ocupan los latinos en los Estados Unidos. En ambas se denota un interés por establecer un espacio alternativo de aquel ocupado por una identidad predeterminada y fija en la cual no hay posibilidad de movimiento o de cambio. La narrativa de identidad de Selena rompe con esa rigidez, se convierte en una identidad múltiple, que hace posible, para las latinas, especialmente, aspirar a otras posicionalidades. De acuerdo con Jane Gallop: "la identidad debe asumirse continuamente y ponerse en duda inmediatamente" (xii). Es a través de este posicionamiento múltiple y complejo que uno puede concebir una identidad que, aún cuando es siempre contingente y en proceso, es al mismo tiempo unificadora y abarcadora. Es a través de este posicionamiento múltiple que uno puede "desorganizar las normas discursivas que determinan la pertenencia y la pertinencia" (Richard 161).

La idea del artista como puente intercultural es un motivo subyacente, aunque es evidente en la película de Nava desde el comienzo, como se ve en el intento de Quintanilla por revivir su sueño musical de cantar en inglés para una audiencia anglo-parlante. Este sueño no cumplido es realizado cuando Selena obtiene su primer contrato para grabar su álbum con doblaje al inglés. Cuando el productor le pregunta a Quintanilla si Selena está lista para cambiar a la otra cultura, éste le contesta: "Está lista. Hemos estado listos por mucho tiempo".[8]

Decidir qué lenguaje usar en la vida diaria es un acto político de importancia considerable. La historia de la aculturación en la sociedad norteamericana ha sido y continúa siendo un proceso de adaptación a las

Ella habla inglés en público.

normas anglo, bajo las cuales, los inmigrantes deben desprenderse de sus tradiciones y adoptar los patrones culturales y lingüísticos de la tradición anglo-europea. En ese sentido, Selena es típica porque, a pesar de ser chicana o latina, su lenguaje cotidiano es el inglés, y su uso del español se limita a su música.[9]

Con esta dualidad, que en su caso no es bilingualismo ni interlingüismo,[10] Selena consolida la constitución de una identidad múltiple que una vez más la pone al alcance de diversos interlocutores. El español se convierte en el elemento esencial y legítimo para la identidad latina colectiva, funcionando como un elemento territorializador/catalizador, porque es el componente que sujeta valores culturales asociados típicamente con el hecho de ser latina. Pero el inglés funciona de la misma manera, porque es también un elemento de poder que invoca las propiedades y la esencia de ser de los Estados Unidos.

Ambas, Selena y la identidad colectiva que ella simboliza y representa son latinas, pero, de las dos películas, quizás sea en *Corpus* donde el impacto del uso del español es más significativo. A pesar del hecho de que toda la película es en inglés, las niñas y adolescentes que cantan e imitan a Selena en la Academia de Artes de Texas, lo hacen en ambas lenguas. De esta manera, y sin saberlo, están desestabilizando el espacio privilegiado del inglés desde su posición como latinas, negándolo como la única lengua en la que es posible lograr el éxito.[11] En la película, se coloca al español en un nivel igual que el inglés, ninguna lengua domina sobre la otra. En *Selena,* por otro lado, los problemas que tiene el personaje principal con el español son evidentes ya que su lenguaje cotidiano es el inglés. Resumiendo, una vez más, el problema de muchos latinos, Quintanilla critica: "Los americanos se te van encima si no hablas inglés perfectamente. Los mexicanos se te van encima si no hablas español perfectamente". Selena hace un esfuerzo por hablar español en Monterrey, y lo hace aunque tiene que recurrir al vocabulario del inglés cuando no puede encontrar la palabra equivalente en español.

Estas tres categorías o marcadores de identidad –cuerpo, geografía, y lenguaje– refuerzan la noción que la narrativa de identidad es un proceso, un acto, y un estado provisional más que una esencia. La ubicación del cuerpo y del lenguaje se convierten en lugares que asumimos o que nos son asignados, pero son cambiantes y movibles, no son fijos ni estáticos. Además, la identidad no sólo se produce dentro de un grupo, sino que es el resultado de una combinación de lo que las personas creen de sí mismas más los atributos que otros les asignan. En otras palabras, es una narrativa construida por discursos interiores y exteriores. Cuando una persona por sí sola crea una identidad, la cual –como se dijo, es una variable que, a la vez, es individual y colectiva– usualmente, el resultado es una aparente identidad unificada que substituye al ser de la comunidad. En el caso de Selena, sin embargo, su identidad personal representa la esencia de ser chicana o latina.

La narrativa de identidad canaliza emociones que necesariamente tienen peso político e intenta modificar el balance de poder. Es una narrativa que transforma la percepción del pasado y del presente, cambia la organización de grupos humanos y crea nuevos grupos, y altera, además, la cultura al enfatizar ciertas características cambiando significados y sistemas de pensamiento. La narrativa de identidad lleva consigo una nueva interpretación del mundo y trata de cambiarlo (Martin 13).

En *Selena,* Gregory Nava captura el sueño mexicano-americano de Selena de tratar de alcanzar el éxito dentro de la comunidad norteamericana sin dejar de ser latina. Como resultado, la película es casi un documento social, mostrando los detalles de la vida típica de una familia chicana, además del movimiento social y cultural que esta joven mujer produjo en tan corto tiempo. *Corpus* es el descubrimiento personal de Portillo de un icono y un homenaje a una corta vida de lucha y de éxito. Es también una reflexión del impacto que tiene Selena como un modelo ejemplar. Estos dos cineastas eligieron mostrar que la tensión entre la identidad americana y la latina no puede resolverse tan fácilmente. Selena representa la posibilidad de una identidad personal puente y colectiva, pero su acto de equilibrismo concluye en la muerte, por consiguiente, dejando intacta la noción de una dualidad problemática. De hecho, dentro de las prácticas de la vida diaria, se genera una narrativa de identidad que fácilmente gana credibilidad entre los latinos y al mismo tiempo es aceptable para los norteamericanos, algo que sólo se logra en la pantalla.

Notas

[1] Denis-Constant Martin habla del concepto de identidad como narrativa. Siguiendo a Ricoeur, expone que el entendimiento de la persona como otra, con otros, es siempre una interpretación que encuentra en la narrativa uno de sus modos más completos de expresión. Esta narrativa toma elementos de la historia y de la ficción, y construye a la persona como un personaje dentro en un argumento que no puede ser separado de sus experiencias de vida. Sin embargo, el argumento permite la reorganización de hechos que proporcionan el marco para las experiencias de la persona. Visualizamos nuestra identidad en la forma de una narrativa

en la cual podemos reinterpretar los hechos de nuestras vidas con el fin de manejar la permanencia y el cambio.

² No se puede entender el concepto de identidad como una narrativa aislada. La narrativa personal necesariamente incorpora elementos que pertenecen a un grupo (porque el individuo siempre pertenece a un grupo) y, por lo tanto, una narrativa personal es también la narrativa de uno o de varios grupos. Para un análisis detallado sobre este concepto, consultar el ensayo de George Revill "Leyendo Rosehill: comunidad, identidad, e Inner City Derby" [Reading Rosehill: Community, Identity, and Inner-city Derby].

³ Cisneros y Moraga no fueron las únicas intelectuales invitadas en participar de la discusión; otras dos mujeres, cuyas opiniones no se escuchan, también están presentes.

⁴ Estos detalles no son revelados en la película de Portillo.

⁵ Cuando Nava estaba seleccionando a la actriz para Selena, un gran número de chicanas se presentaron para el papel principal, y por consiguiente, comenzó a correr rumor a través de los medios de que la selección sólo era un acto publicitario para generar interés en la película, dado que Nava ya tenía decidido quien iba obtener el papel.

⁶ El proceso de creación de una narrativa de identidad presupone una exclusión que es muy importante porque delimita, marca, y de alguna manera esencializa lo que se incluirá en la narrativa, rechazando lo demás como no perteneciente. Por esa razón, los aspectos negativos son más importantes que los positivos.

⁷ En Corpus, Carranza explica: "Cualquiera que sea observador y que haya visto la TV puede notar que había una diferencia en su estructura corporal. También algunas de las revistas dijeron que ella se hizo alguna cirugía plástica". A lo que añade Negron-Muntaner: "Según la reportera María Celeste Arraras, (aunque negado por Abraham Quintanilla) si Selena hubiera vivido su sueño, lo habría hecho con cuerpo intervenido quirúrgicamente" (188).

⁸ En contraste, Portillo no pone interés en el concepto de crossover, sino en la comunidad latina.

⁹ Nina M. Scott define a una latina como "una mujer de origen o descendencia latinoamericana que reside más o menos permanentemente en los Estados Unidos, que puede escoger expresarse en español o en inglés,

o ambos, pero que se identifica con una herencia latina en lugar de optar por asimilarse a la cultura dominante anglo de este país" (58).

[10] Bruce-Novoa acuñó el término "interlingualismo" para referirse a la habilidad de usar palabras de ambos lenguajes (inglés y español) en el mismo texto. El bilingualismo intenta mantener separados los códigos de los dos lenguajes, mientras que el interlingualismo crea y, al mismo tiempo, explota las posibilidades de interconexión y el potencial de yuxtaposición que existe entre ambos (49).

[11] En su estudio sobre las demarcaciones étnicas, Oboler comenta que: "Es interesante observar que varios teóricos han notado el lazo que Alicia estableció entre lenguaje y cultura como una aproximación importante para evitar los efectos del prejuicio en los niños. Sotomayor, por ejemplo, ha demostrado la importancia de reconocer el valor de la relación entre 'lenguaje, cultura y etnicidad al momento de desarrollar una auto-imagen', al analizar el complejo de inferioridad que los hispanohablantes tienen de sí mismos como resultado de la percepción negativa del lenguaje español prevaleciente en la sociedad norteamericana" (145).

Obras citadas

Anderson, Benedict, *Imagined Communities* (London: Verso, 1983).

Bruce-Novoa, Juan, *Retrospace: Collected Essays on Chicano Literature* (Texas: Arte Público Press, 1990).

Gallop, Jane, *Thinking Through the Body* (New York: Columbia, 1988).

Grosz, Elizabeth, *Volatile Bodies: Toward a Corporeal Feminism* (Bloomington, Indianapolis: Indiana University Press, 1994).

Keith, Michael y Pile, Steven, *Place and the Politics of Identity* (Londres y Nueva York: Routledge, 1993).

Martin, Denis-Constant, "The Choices of Identity", *Social Identities I I* (1995): 5-20.

Negrón-Muntaner, Frances, "Jennifer's Butt", *Aztlán* 22.2 (1997): 181-94.

Oboler, Suzzanne, *Ethnic Labels, Latino Lives: Identity and the Politics of (Re)Presentation in the United States* (Minneapolis: University of Minnesota Press, 1995).

Revill, George, "*Reading Rosehill*: Community, Identity, and Inner-City Derby", *Place and the Politics of Identity*, ed., Michael Keith y Steven Pile (Londres y Nueva York: Routledge, 1993): 117-40.

Ricoeur, Paul, *Soi-même comme un autre* (Paris: Éditions du Seuil, 1990).

Richard, Nelly, "Cultural Peripheries: Latin America and Postmodernist Decentering", *The Postmodernism Debate in Latin America*, John Beverley y José Oviedo, eds., *Boundary 2* 20.3 (1993): 156-61.

Scott, Nina M., "The Politics of Language: Latina Writers in the United States", *Melus: Society for the Study of Multi-Ethnic Literature in the United States* 19 1 (1994): 57-61.

Smith, Neil y Katz, Cindi, "Grounding Metaphor: Towards a Spatialized Politics", *Place and the Politics of Identity*, Michael Keith y Steven Pile, eds., (Londres y Nueva York: Routledge, 1993): 67-83.

Las tramas de un mito: Carmen Miranda, chica, chica boom, chic…chica banana

Zulema Moret
Grand Valley State University

> *Si hay cielos, Carmen*
> *a tu cielo carioca llegarán César Romero y Tyrone Power,*
> *Alice Faye. Don Ameche,*
> *Adolph Mejou,*
> *y toda la comparsa que seguía tus andanzas*
> *desde Río a Los Angeles (…)*
> *Si hay cielos, Carmen,*
> *en el tuyo estarás a tus antojos*
> *¡Mi chica, chica,*
> *boom,*
> *chic…!*
> Pablo Armando Fernández
> "Carmen Miranda".

Descubrimientos infantiles.

Por las tardes, a la hora de la siesta, mi hermana y yo nos subíamos a la mesa enorme, en el comedor de la casa de campo y nos disfrazábamos con faldas de colores y pañuelos, rescatando los collares de nuestra madre y de nuestra tía. Luego nos colocábamos una canasta con frutas en la cabeza que tratábamos de sostener, mientras bailábamos al compás de cualquier música conseguida en la radio. Todavía no eran los sesenta en la casa de aquel pueblo de campo en la que transcurrió nuestra tranquila infancia.

Pasaron los años y se difuminó la imagen de la inspiradora de esos intentos performáticos, la figura de Carmen Miranda quedó hundida entre los recuerdos familiares. Recientemente ví la película *Bananas Is My Business* dirigida por Helena Solberg e irrumpieron no sólo los recuerdos, sino que junto a ellos despertó una suerte de fascinación por la figura de la bailarina y cantante brasilera. Este deseo de saber toma forma cuando descubro de modo imprevisto la novela *Las últimas noches de Carmen Miranda* de Lucía Guerra y el hilo teje su ovillo de interrogantes con los que llevo a cabo este esbozo de reflexión sobre cómo se construye y (de) construye un mito y cómo crece ese mito a partir de la trama familiar, de la trama social y a la sombra de acuerdos políticos en las representaciones de la novela y de la película.

Negociaciones biográficas.

Carmen Miranda nace en Oporto, Portugal, en 1909 bajo el nombre de María do Carmo Miranda da Cunha, al año siguiente viaja a Brasil con sus padres y la familia se instala en las periferias de Río de Janeiro, bajo la influencia de la cultura de los barrios mestizos y pobres de la ciudad, de allí su temprano contacto con la música popular. Asistió a una escuela de monjas y desde muy pequeña expresó su afición a la música y al teatro. De algún modo desde estos primeros espacios se van delimitando las cuestiones que más adelante configurarán la identidad de Carmen, su construcción genérica, de raza y clase. — "configurán" - Carmen es una creación

Si bien la película de Solberg no indaga demasiado en profundidad sobre estos hilos que se tejen desde el pasado remoto en la vida de Carmen, sí lo hace la novela de Lucía Guerra, creando una línea que encarna en la figura de la joven en crecimiento una continuidad o metonimia de la visión que de América tiene los extranjeros, ya sea los europeos (portugueses) como los norteamericanos que llegan a Brasil. Desde esta perspectiva podemos recurrir al texto de Barthes en sus *Mitologías* cuando afirma: "el mito es un habla elegida por la historia: no surge de la 'naturaleza' de las cosas" (200) y sin duda esta afirmación permite articular los espacios privados y públicos, los deseos familiares y las coyunturas políticas entre los que nace, crece y se construye el mito de la artista.

El mito de Carmen Miranda se inscribe en la historia de América como prolongación de ese constructo territorio/cuerpo femenino, enlazando con la idea de continente, de cultura y de raza. América es la tierra de lo exótico no sólo por la presencia de la naturaleza que impone su diversidad salvaje, sino que es el mito de la exoticidad de sus mujeres, mito construido y alimentado durante siglos desde la conquista. A través de las referencias a las amazonas guerreras, las indias complacientes, América es representada como esa mujer casi desnuda sobre una hamaca sobre la que descansa extendiendo su inocente mano, así la podemos reconocer en grabados del siglo XVI, frente al conquistador ceñudo y vestido con armadura de metal.[2] Singularmente habita en la comunidad que mira hacia América Latina este concepto de "otredad" como algo "salvaje", "infantil", pero al mismo

raíces racistas

tiempo "indomable". — *untameable*

Hacia los años veinte la nación brasilera como otras naciones latinoamericanas necesitaba narrativas nacionales con emblemas y artefactos culturales específicos. La samba emerge como uno de esos iconos nacionales y así lo explica Lucía Guerra, en un ensayo sobre su novela, cuando recuerda el origen humilde de la cantante y señala cómo en poco tiempo se convirtió en el símbolo de la identidad nacional reflejando en un espejo la analogía existente entre mujer y nación (10).

El constructo Miranda se despliega en diversas direcciones articulando saberes y prácticas sociales, así lo encontramos en las referencias a lo sagrado y religioso, instaurado desde el discurso materno, el de doña María Emilia en contraposición con el discurso profano, encarnado en la prostituta que ella mira pasar, símbolo de femeneidad y sensualidad, por las calles prohibidas de la infancia; el histórico/transatlántico se funda en el intersticio de la historia local, desde la mirada construida por conquistadores y descubridores siglos atrás, haciendo cruce con lo global en la mirada norteamericana y finalmente podríamos detenernos en el constructo de Miranda construyéndose a sí misma como "representante de un país" (en la época de su primera estadía en USA, bajo la admonición del gobierno populista de Getulio Vargas) y como artista.

De este modo son diversas las "historias" que articula este signo, que a su vez incorpora nuevas significaciones, que carnavalescamente, a modo de parodia, llegan a convertir a la "star" en símbolo de lo *camp* y de lo *queer*, en las últimas décadas. Esa imagen tiene una figura fundacional en el orden de lo privado, y es el período en el que Carmen trabaja en la sombrerería, la voz narradora en la novela lo explica así: "Avanza hasta la esquina de uno de los mesones y con la mano izquierda devuelve el sombrero celeste a su lugar mientras con la derecha se pone uno de copa. Su andar asume ahora un ligero ritmo militar y vuelve a acercarse al espejo dándole volteretas a un bastón imaginario" (12). El lugar de trabajo es el teatro, el espacio dramático en el que comienza a desarrollar frente al espejo la infinidad de personajes, de construcciones que darán lugar, sin dudas, a su identidad posterior, entre el simulacro de lo que no es y lo que es, una pobre muchacha que debe trabajar para solventar los gastos familiares, se construye otra joven, la que sueña (y en esto hay reminisciencias de Eva Perón y su relación con el mundo de la radio y el cine) tener dinero, y salir de la pobreza en la que vive toda la familia. Sigue el texto de Guerra "Fue la pobreza la que marcó mis orígenes y únicamente por ella me convertí en brasileña, a pesar de haber nacido en tierra portuguesa. Mi padre, como tantos aldeanos muertos de hambre y sedientos de futuro, emigró a esta

immigrated for financial gain

ladera del mundo donde decían que el oro tanto abundaba" (14) o más
adelante refiriéndose siempre a este estado de miseria la narradora explica:
"Nosotros vivíamos en un mísero barrio de Río de Janeiro y albergábamos
todas las penurias como si fuéramos esa momia, atisbando siempre el mundo
de los ricos" (21).

Su actividad artística comienza en festivales de aficionados, benéficos
y programas de radio, y en una actuación en el Instituto Nacional de Música,
donde canta el *tanguinho brejeiro* "Mamá yo quiero un novio", conoce a
Josué de Barrios, cantautor que se convierte en su mentor musical. Desde
entonces desarrolla una intensa actividad musical con dos discos que la
llevarán a la fama, y de los cuales sobresale uno de los temas más populares
"Taí, para você gostar de mim", entonces corrían los años treinta y Carmen
canta este tema en Buenos Aires, en los años subsiguientes su carrera se va
afianzando y actúa con su hermana Aurora en Buenos Aires y en diversos
escenarios del Brasil.[3]

De este modo bajo la influencia de elementos populares propios de la
cultura brasilera de color, Miranda se crea como producto latino en unos
años en que se necesitan instrumentar vínculos de amistad entre América
Latina y Estados Unidos, por motivos políticos y económicos. Detrás laten
las imágenes de las mujeres bahianas y de las mujeres que paseaban por
las calles de su infancia; al recordar a una de las prostitutas, dice la
narradora: "Arminda caminaba siempre con cadencia de samba, su piernas
de piel morena avanzaban por la acera impregnando el pavimento de un
ritmo quedo" (29). Frente a la sensualidad de Arminda se construye la idea
de lo sagrado, en el colegio de monjas al que asiste, y bajo el pensamiento
religioso de su madre. Otros tantos mitos se entretejen en el cruce de
influencias sobre el que se va configurando el constructo de Carmen
Miranda: la santa madre, la hermana que muere joven de tuberculosis (por
amor/o desamor), Mario, el novio bueno, como un recorrido que nos
permitirían en un trabajo más exahustivo reconocer el canon del crecimiento
de la mujer latinoamericana a mediados del siglo XX; todas estas figuras
organizan un mapa relacional del crecimiento femenino en los años treinta.

Negociaciones internacionales: La Política del Buen Vecino.

En 1939, año que nos ocupa en este análisis, Carmen Miranda había
grabado 300 discos y había aparecido en cinco películas brasileras. En
este momento de su carrera encuentra al productor de teatro de Broadway
Lee Schubert, quien le ofrece un contrato para actuar en el musical "Streets
of Paris", en el país del norte.[4] Según Martha Gil Montero, cuando llega a
Nueva York, con su acento extranjero ante las preguntas de los periodistas

Miranda responde: "Dinero, dinero, dinero… y *hot dog*. Digo sí, digo no y digo dinero, dinero, dinero, Y digo sándwich de pavo y digo jugo de uva"(7)[5] y se transforma en el estereotipo de la mujer latinoamericana en Estados Unidos durante los años cuarenta.[6]

No olvidemos que son los años en que el Presidente Franklin Rooselvet despliega hacia Latinoamérica su política conocida como *The Good Neighbor Policy* (La política del buen vecino), y los administradores de Hollywood ayudan al gobierno para sustituir las relaciones militaristas e imperalistas de Estados Unidos con América Latina por una estrategia más cooperativista, por lo tanto inversiones y turismo fueron promovidos en distintos países y regiones. Ana M. López en su ensayo: "Are All Latins from Manhattan?", propone algunos interrogantes que resultan operativos para nuestro análisis: "¿Cómo Hollywood se ubica a sí mismo y a los norteamericanos en relación con sus vecinos del sur?¿Cómo se constituye esta amistad? ¿Cómo se diferencia de la circulación anterior de los llamados estereotipos y su negligente falta de diferenciación del resto del continente?" (199-200).[7]

Para entonces Hollywood había producido tres tipos de películas colaborando con la política del buen vecino imperante. Por un lado un número de películas clásicas del género con protagonistas norteamericanos, y ubicadas en Latinoamérica. Un segundo grupo de películas también fueron filmadas en Latinoamérica con mediocres actores norteamericanos y en formato de musical o seudo musical. Un tercer grupo fueron las comedias ubicadas tanto en América Latina como en los Estados Unidos con conocidos actores latinoamericanos.

Entre 1940 y 1946 Fox contrató a Carmen Miranda para una serie de películas, sin embargo, como señala Ana López: "Sin considerar el número de películas producidas y la cantidad de actores latinoamericanos contratados por los estudios durante esta época, se hace difícil describir la posición adoptada por Hollywood en relación con estos repentinamente bienvenidos 'otros' como individuos respetables y reverentes"(201)[8]. Antes de este período pocas estrellas latinoamericanas habían alcanzado el *status* de estrellas en Hollywood y muchos villanos latinoamericanos eran actuados en la pantalla por actores norteamericanos. Detengámonos en este punto para comprender la pluralidad de significantes que atraviesan el nombre y cuerpo de la naciente estrella, y cómo raza, género, etnicidad y clase determinan su propia representación y su *performance* como "otro".[9]

En este momento las funciones que cumple Carmen Miranda en el entramado de la política del buen vecino es la de un raro y fantástico fetiche y su validez como latinoamericana –y en este argumento sigo a López– se basa en una retórica del exceso visual, en lo que concierne a vestuario, actuación, musicalidad, escenografía y sexualidad. Como estrella del género musical, podemos pensar en el papel que desempeña este tipo de género y qué elementos permite analizar en su representación. De acuerdo con Shari Roberts: "El género musical, considerado como el género más popular durante el período de guerra, ofrece un campo de gran interés a través del cual se puede investigar la representación femenina y su recepción"(3).[10]

Por ejemplo la película *Down Argentine Way* (1940) es un claro producto de la política de alianza entre Hollywood y los países latinoamericanos, respondiendo a la urgencia del momento político y usando la película como instrumento para agradar a las audiencias, aunque debemos aclarar que la misma fue un soberano fracaso, en especial, en Argentina. Según explica Shari Roberts:

> Dentro de esta tendencia y espíritu 'democráticos', Fox incluyó a Miranda en sus películas como representante de distintas nacionalidades latinoamericanas – *Down Argentine Way, That Night in Rio, and Weekend in Havana*. Ella siempre aparece como ella misma, Carmen, o como alguna protagonista siempre estereotipada– llamándola alternativamente Querida, Chiquita, Chita, Marina, Carmelita, y en cuatro películas Rosita. Haciendo actuar a Carmen como una versión genérica, homogeneizada para nuestro 'buen vecino', se le impedía a ella efectuar cualquier reclamo sobre su herencia actual"(8).[11]

En la película *Down Argentine Way*, cuya problemática poco tiene que ver con el Brasil, pues la acción se sitúa en el escenario de la burguesía terrateniente argentina, Carmen Miranda aparece incluída, como una *mise en abyme* como un producto exótico en el interior del *Club Rendevouz*, un club nocturno donde actuó. De acuerdo con el agudo análisis de Alberto Sandoval Sánchez en el capítulo dedicado a Carmen Miranda en su libro *José, Can you See, Latinos On and Off Broadway*, la película abre con la canción "South American Way", que de algún modo refuerza las representaciones estereotipadas a través de las cuales Hollywood visualiza a los latinoamericanos. Según Sandoval: "En esta escena inicial, Miranda introduce a la chispeante audiencia al sabor, ritmo y vivacidad de la cultura latinoamericana. Su canción 'South American Way', incorpora una representación estereotipada de América Latina como la tierra del romance donde se olvidan todas las penas. El trópico signa así la liberación sexual y el tiempo de entretenimiento" (37).[12] En este sentido el cuerpo de Miranda no es sólo el cuerpo diminuto de una hermosa mujer que "representa" una cultura, sino que se transforma al mismo tiempo en una "máscara de ella misma", en una caricatura de lo que el otro/el Amo extranjero desea que ella sea.

De esta manera, y sobre el constructo de la latinidad exótica, se establece el signo de la mujer cuya verdadera imagen desaparece fantasmáticamente tras la caranavalización que debe operarse sobre su cuerpo para alcanzar todo el éxito comercial que su figura exige, para jugar el rol de "buena representante de un país" y de una cultura que, paradójicamente, no puede representar pues, como pronto descubrirá, su espacio es un espacio casi absurdo. Es un espacio sin "locus" en el locus de la representación, entre clases sociales antagónicas.

No aceptada por su pueblo mulato entre el cual creció y cuyas raíces absorbió no sólo en sus ropajes sino en sus ritmos –aunque haya hecho de la cultura de ese pueblo un objeto *for export*– y acusada de haberse americanizado, Miranda tampoco es aceptada por la burguesía blanca de su país, en tanto no encarna los modelos de *high–class* imperantes ni pertenece a ella, y por la asociación de su figura a los intereses del populismo imperante bajo los intereses políticos de presidente Getulio Vargas. Respecto a este punto, cabe detenerse para añadir que a pesar de la arrolladora importancia de los africanos y sus descendientes hasta 1930, la Nación brasilera como construcción fue sin lugar a dudas un 'constructo blanco", concepto que aplicado al recorrido realizado por Carmen Miranda y su recepción como artista, explica algunas importantes afirmaciones de Darién Davis: "Carmen tuvo éxito al convertirse en 'la cantante brasilera' a través del uso del humor y del folklore, presentando imágenes estereotipadas, que resultaban familiares tanto a mulatos como a negros (…) Ella sirvió como un vínculo entre la clase media, la mayor parte de la población brasilera compuesta por los negros y los mulatos de las favelas, y la nación" (189).[13]

Así, poco a poco la vida de la mujer desaparece tras las exigencias no sólo de los sofisticados vestidos que la cubren y la transforman. Los movimientos cada vez más exagerados, la mirada sin posarse en el objeto, denuncian un descentramiento que es propio de quien no reconoce su "yo" o debe "des/conocerlo". Sandoval aclara, al respecto: "Miranda hizo no sólo un espectáculo de sí misma, sino de las mujeres latinoamericanas y de Latinoamérica, pero tanto la crítica como la audiencia la valoraron como un pájaro tropical con todo su plumaje y su esplendor, una nativa de la selva" (39)[14] y   dentro de esta "performance", Miranda despliega un simulacro donde etnia e identidad nacional se encuentran en constante transformación y negociación. Sin embargo, y cabe aclararlo, en ocasiones

Carmen Miranda expresa su irritación hacia los norteamericanos por su rechazo a comprender otras culturas y por el estereotipo negativo del "Otro primitivo". Al respecto, cita Shari Roberts en su estudio la siguiente frase de Miranda: "Me encontré con una joven americana en el consultorio médico y ella me dice: ¿Es así como se ve una mujer brasilera?... como si se supone que tengo que llevar plumas en el pelo, como los indios. Y luego me pregunta si en Brasil tenemos luz eléctrica....¡Ah!...Los norteamericanos no quieren aprender sobre los otros países, en especial su idioma. Los yanquis esperan que nosotros aprendamos el suyo" (16-7).[15] Desafortunadamente, estos comentarios o críticas no llegan a transformarse en un gesto del orden de lo político, pues a pesar de cierto asomo de conciencia, ella continúa en el ambivalente juego, alimentando su propio mito.

La política del buen vecino se establece sobre una suerte de borradura de las diferencias entre los países latinoamericanos, como una totalidad simplificada en donde Argentina y Cuba representaban lo mismo para las empresas de cine, que estaban dispuestas a producir películas que pudieran venderse dentro de esta política arbitraria. Al respecto explica Lucía Guerra: "La samba, el bolero, la rumba y y el tango se mezclaron en un fandango cultural, en el cual los sonoros 'ólés' de España añadieron el sabor perfecto a las llamadas 'banana movies' (películas de bananas), cuyos guiones eran controlados estrictamente por agentes de la CIA" (2003: 12). [16]

Las negociaciones en la novela

Cómo se representan estas negociaciones a lo largo de la novela de Lucía Guerra y de la película de Helen Solberg es parte fundamental de nuestro trabajo. Si bien, ambas construcciones obedecen a un deseo de ficcionalización biográfica y se apoyan sobre innumerables voces y documentos que –como un rompecabezas– nos permiten reconstruir la vida de la estrella latina, los procedimientos por momentos difieren entre sí.

Lucía Guerra sostiene su narración sobre variados discursos que operan como deconstrucciones del mito femenino, del mito americano y del mito norteamericano. Es curioso que al inicio de las cinco partes sobre las que se construye la novela: "No era verde mi valle" (9–55), "Carmen Miranda es *fun*! ... Ella es la entretención hecha mujer, movimiento y color" (55–103), "Hollywood no es otra cosa que el carnaval real y verdadero de la fantasía" (103–35) y "La máscara ya estaba hecha y no quedaba más que reír o morir" (135–73), Guerra destine un espacio extenso a la narración de hechos históricos que sirven de gran marco a la narración de la vida de la actriz, como si el movimiento realizado fuera de lo "histórico/público/

patriarcal" a lo "femenino/ particular/ subjetivo". Veamos un ejemplo de
este procedimiento en el Capítulo II:

> En el impulso infatigable de un saber que también era codicia,
> los hombres aprendieron a descifrar el movimiento de las aguas,
> del viento y las estrellas [...] 'Los portugueses somos de Occidente
> y vamos buscando las tierras de Oriente', cantaban los navegantes
> cuando surcaban los mares con sus voces y quimeras. En la proa
> de sus sueños flotaban los rubíes de Ceylán y las telas de Bengala,
> los diamantes de Narsinga y las especias de Java (57).

A través de ejemplos como este podemos advertir fácilmente el
imaginario que subyace en estas palabras: la historia de la conquista como
empresa ambiciosa, con una promesa latente de lo maravilloso y lo exótico.
Toda esta introducción nos permite conocer el proceso de entrada de la
esclavitud africana en tierras americanas, así la autora desarrolla a lo largo
de estas páginas el proceso de gestación de la samba como producto de
hibridación cultural y escribe: "Samba. Oración y súplica. Refrán que Eshú
se encargaría de llevar a los otros dioses en el firmamento. Samba..." (59).
Más adelante, se añade el componente económico a la recepción y prácticas
musicales en el marco de las minas: "En minas y plantaciones, los capataces
muy pronto se dieron cuenta de que cuando los esclavos cantaban, el
rendimiento crecía considerablemente, como si dedos y músculos se
multiplicaran... Era buen negocio, permitirles cantar y ellos cantaban:
'Samba, minha samba'"(61). Así la samba se convirtió en 'el fetiche de lo
autóctono' durante la gesta nacionalista de Getulio Vargas y Carmen
Miranda en su mejor representante: "Y Carmen con su voz entró en ese
torbellino, giró en él, convirtiéndose en el eje de la vorágine cadenciosa y
colorida de la samba" (62). La historia de un conjunto de artefactos
culturales como la música, la danza, la moda se despliegan a lo largo de la
narración entrelazando la historia del país con la historia privada de la
artista.

Se podría leer −desde esta perspectiva− la novela como una variación
dentro del conjunto de novelas de crecimiento escritas por autoras
latinoamericanas, y reconoceríamos de inmediato los espacios en los que
la muchacha se enfrenta al mundo familiar, en este caso y en primer lugar
con la figura del padre, para poder 'convertirse en estrella', aunque la
variación residiría sin lugar a dudas, en percibir cómo nace y crece una
'estrella' en tanto el énfasis ha sido puesto en esta construcción, desplazando
de algún modo otros roles.

Si el *Bildungsroman* tradicional operaba sobre este *werden,* este llegar a ser, es sin duda en estrecha relación con su futuro como bailarina y cantante que se opera esta transformación en la novela. Esther Kleinbord Labovitz en la introducción a su libro *The Myth of the Heroine. The Female Bildungsroman in the Twentieth Century* (1988) añade una serie de patrones de comportamiento que nos permitirían comprender algunos de los pasajes de Carmen en su evolución, a lo largo de la novela. Por un lado, el proceso de autorrealización de la protagonista, en este caso, hay una escena fundacional que da origen a la vocación de Carmen por ser artista y es la escena en la sombrerería: "Allí se escapaba todos los días para ser otra, muchas otras, y encontrarse a sí misma, zafarse de las amarras de la pobreza y vivir su propio ser entre docenas de sombreros, que, a través de su imaginación se convertían en hileras de espectadores. De pie frente al espejo, esta tarde, como tantas otras, Carmen da inicio a su ritual sumiéndose en el deleite de su propio cuerpo, joven, hermoso y exuberante" (11). El ritual del disfraz, le permite proyectar su deseo, verse en el espejo y reconocerse en imágenes de ensoñación propias del mundo femenino.

La realización personal de Carmen incluye algunos de los pasos o etapas descriptos por Kleinbord Labovitz en el citado estudio: el descubrimiento de la sexualidad, los modelos asumidos a partir de los códigos sociales y familiares, la relación con la música y con la danza –en su caso– la actitud respecto a la familia y el matrimonio, los aspectos de orden existencial. Kleinbord Labovitz enfatiza la índole autobiográfica de la narración desde que la niña crece hasta que se hace mujèr, argumento que corrobora la novela de Guerra, en tanto se pueden seguir las huellas del crecimiento de Carmen desde que nace hasta que muere. Por su parte, Guerra enfatiza los procesos de concientización femeninos a través de la construcción de la artista, acentuando el descubrimiento de su cuerpo, el deseo de llegar a ser famosa, el viaje como pasaje al éxito y la posterior caída en tanto su imposibilidad de una vida matrimonial estable y feliz, el abuso de medicamentos para poder trabajar, y el distanciamiento de los ideales artísticos (cierta disconformidad respecto a los logros artísticos obtenidos), la conducen tempranamente a la muerte.

Dentro de esta línea de análisis, Rita Felski demuestra cómo las narrativas de "self–discovery" (autodescubrimiento o autorrevelación), revelan diferencias significativas en sus preocupaciones y las clasifica en dos grupos diferenciados: por un lado el primer tipo, caracterizado por una estructura histórica y linear, en el que el crecimiento y autodescubrimiento se realiza a través de un movimiento del exterior, representado por una actividad de compromiso social y político. El segundo tipo describe el proceso de crecimiento como un despertar que ocurre en estrecha relación con la naturaleza, en un mundo simbólico del que los aspectos sociales han sido excluídos. Bien podemos incluír *Las últimas noches de Carmen Miranda* en el primer grupo, aunque el proceso de autoformación se centra fundamentalmente en el crecimiento de la actriz y el de/crecimiento de la mujer.[17] Escenas como las del espejo nos permiten advertir los procesos de autodescubrimiento y las imágenes que proyecta Carmen respecto a su futuro artístico, a nivel de ensoñación, en un inicio. En este proceso aparecen otros relatos como el de Lola Puñales, que como *mise en abyme,* se intercala entre la serie de figuras femeninas con las que Carmen se identifica en este proceso de crecimiento como mujer y posteriormente como artista: "Arminda, Lola... Ellas marcaron mi ruta, esta ruta tan cierta del cuerpo, tan clara y sin error alguno... pero el cuerpo es apenas un umbral, eso lo sabemos todas... más allá está el camino inseguro e incierto de vivir sufriendo los embates de ser mujer... porque este mundo aunque nadie se atreva a decirlo, está hecho a la medida y únicamente a la medida de los hombres" (35). La conciencia de su cuerpo femenino y de sus posibilidades de seducción son cuidadosamente descriptas en la novela: "Y, poniéndose de pie, se miró entera y los contornos redondeados de su cuerpo le parecieron ahora hechos para el amor" (36).

Así, Carmen mujer/hija/esposa ha sido desplazada por Carmen cantante/bailarina/latina, y el éxito económico la lleva paulatinamente a descuidar su calidad como cantante y su crecimiento como artista.[18] Este devenir es una suerte de *performance* que nos permite descubrir los mecanismos que han convertido a Carmen en 'icono latino', en representante de una Nación, por encima de sus poco claros deseos personales. El enfrentamiento con el padre, la salida de la casa paterna son los deseos de realizarse como artista, una suerte de lo que dentro del género de la novela de formación o crecimiento se conoce como *Kunstlerroman.* Este llegar a ser una artista es el núcleo central de la vida de Carmen y también su perdición. La factura de dicha enajenación la paga con su cuerpo, con el consumo de pastillas, la elección equivocada de hombres y una estructura familiar –casi infantil– que la acompaña durante su estadía en Estados Unidos.[19]

Sabemos del profundo conocimiento que Lucía Guerra ha desplegado de la teoría feminista a lo largo de innumerables ensayos y libros, entre ellos *La mujer fragmentada: historias de un signo,* acreedor del *Premio Casa de las Américas.* Sin lugar a dudas, tanto el juego polifónico como la variedad de tonos ofrecidos y discursos interrelacionados nos permiten afirmar que esta novela no es simplemente una biografía novelada de la actriz, sino algo más, en tanto nos permite conocer los distintos planos en los que la realidad se organiza y orquesta y –en este sentido– el tono folletinesco cohabita con el relato histórico y con la novela rosa. Al respecto, dice Lucía en una entrevista reciente publicada en la revista *Alba de América*: "En mi última novela titulada *Las noches de Carmen Miranda* me interesó escribir sobre la mujer que fue convertida en icono y fetiche dentro de escenarios de papel maché. Obviamente que aquí está la huella de los textos de Judith Butler y muchos otros sobre género y *performance*" (582) Y este "plus" de sentido también está dado por la evidente puesta en escena de lo que significa ser una mujer, amar como una mujer y morir como una estrella. A lo largo de la novela, Lucía Guerra pone en escena las teorías que atraviesan la construcción del sujeto femenino, como "otredad"; doble otredad la que desmantela en su narración la escritora chilena, la de ser mujer y latina.

El estilo de la novela, cercano por momentos a algunos brillantes escenarios de Manuel Puig, reside no sólo en la narración de los acontecimientos que rodean la vida de la cantante, sino en el lenguaje con el que lleva a cabo su operación discursiva y en el modo en que la escritura realiza asimismo su gesto performativo. Al final de la novela, cuando se narra la muerte de la artista, después de la aparición de recargadas imágenes (el Ángel de la Buena Nueva, una pareja de caballos blancos que le dan la bienvenida), escribe Guerra: "Carmen entraba en el escenario de otras noches, a aquella región de la muerte donde la música prodiga la armonía de una quietud silenciosa y los itinerarios, por fin, se hacen precisos" (244).

Las negociaciones en la película.

Por otra parte, la película de Helena Solberg, de 1994, también apuesta a una construcción fragmentaria y en tanto documental, testimonio de una época, intercala fragmentos de la 'historia social' y no apunta a una deconstrucción de género solamente, sino de signos políticos que fundan intersección con problemáticas que podríamos leer como genéricas. Las primeras escenas de la película enfocan el funeral de la cantante, las multitudes que la acompañaron masivamente por las calles. En una entrevista, la directora declara:

Carmen sabía quién era. Si hubiera permanecido en Brasil, se hubiera desarrollado mucho más como artista. Pero ¿quién podría rechazar una oferta de Broadway y de Hollywood? Ella logró un total éxito sin saber hablar inglés (…) Existía una especie de envidia en la vieja élite. Porque para los pobres, ella era como Evita, quien también salió de un ambiente humilde y posteriormente se mostró lujosa y exuberante con sus joyas y vestidos. Carmen los representaba a todos ellos con sus sueños, porque era uno de ellos. ¡Más bananas, mucho mejor! (50).[20]

Si bien el marco que construye Solberg apunta a la primera persona del gesto autobiográfico como directora de la película cuando incluye su propia vida en la voz que narra/su propia voz, aparecen una serie de personajes vinculados a la vida de Carmen, su hermana Aurora, su siempre amado Aloyso, los compositores que la acompañaron en su aventura musical, los representantes consulares de embajadas, actores y actrices norteamericanos, su ama de llaves (Estela), algunos cantantes que la conocieron, admiraron y lamentaron su pérdida. La cámara de Solberg en su intento reconstructor abarca cuatro escenarios reales: el pasado en Portugal, filmado en locus y grabando a parientes cercanos (una prima), Brasil, Estados Unidos e Inglaterra. Para dar mayor verosimilitud al origen de Carmen, se desplazaron al pueblo de Aliviada, en el norte de Portugal y encontraron un 'doble' de Carmen en la persona de Barreto.[21]

Uno de los puntos de partida importantes en Solberg es el análisis de la construcción del icono femenino. Al respecto explica Nena Terrell: "Creando un nexo con la audiencia a través del uso de la voz en *off,* de manera personal y cómplice, Solberg los estimula a dejar de un lado sus expectativas y acompañarla en el recorrido para poder entender, ¿Qué encontraremos detrás de la imagen? ¿Cómo llegó a construirse? ¿Quién era esa persona que aparecía debajo de esas frutas y ornamentos?"(49).[22] El gesto deconstructivo de Soldberg coincide con el gesto narrativo de Guerra en este punto, ambas desmantelan la historia pública para poder comprender y aprehender lo privado, detrás de la *performance* alimentada por los medios y por las compañías cinematográficas.

El contrato autobiográfico por parte de la directora irrumpe en ocasiones en el desarrollo de la película, cuando revisa su relación fantaseada con la estrella, y la representa a través del juego de vestir y desvestir con los trajes de Carmen las siluetas de una muñeca, antiguo juego de infancia de niñas, cuando la actriz que eventualmente representa a Carmen deambula en la noche del pueblo portugués, y de algún modo se construye la relación "fantasmática" entre la cantante y ella, como "sombra" y como "sueño", como resto, en tantos estas manifestaciones expresan algo del deseo de saber sobre esa otredad. Y esta "otredad" en el Brasil, se transforma también en un interrogante sobre su propia identidad y origen, y se manifiesta en las primeras escenas de la película, al hablar de su familia en relación al Touring Club y segundos después vemos la distancia social entre la familia de Carmen (el *slumb* o barrio periférico en el que creció) frente a la opulencia de la clase de la familia de Soldberg.

Por eso, como explica al inicio de la película, ella no pudo asistir al funeral de la estrella, porque la familia rechazaba todo tipo de manifestación en la que se aglutinara gente de color. Por eso, en una imagen final, la madre de Soldberg, en un gesto un tanto artificial, hace las paces con Carmen, con esa 'otredad' brasilera que sin ser de color es tan amenazante como si lo fuera y cierra el ciclo de la película. De la prohibición del gesto materno a la viabilidad de su aprobación se organiza la vida de Carmen como objeto de estudio para la hija Solberg. El procedimiento es similar al de la novela y aparecen algunas escenas no documentales, en el sentido de que son narraciones que representan la adolescencia de Carmen, y luego su muerte, se ficcionalizan a través de la actuación de actores o actrices que representan a Carmen y a su entorno, en distintas situaciones.

Estos acontecimientos son narrados con una serie de primeros planos que distancian la noción de rostro, de cara, de identidad, o en el caso de la adolescencia de Carmen cuando trabaja en la sombrerería, en blanco y negro, con una joven actriz que se asemeja físicamente a la actriz en su juventud. Fotos, recortes de prensa, noticieros de la época, y *footages* de numerosas películas permiten ir desde esa primera persona inicial (la voz de Soldberg) a una tercera persona que es la paulatina construcción de la "otredad". La película muestra cómo a medida que la popularidad de Miranda va creciendo, ella comienza a parodiar(se), y más ella actúa su propia imagen, más caricaturesca se convierte dicha representación, a tal punto en los estudios sobre estereotipos latinos fue encasillada y relegada al rol de "mujer payaso" (*female clown*).[23]

La frase "bananas is my business" que acompaña el título de la película en cuestión, viene de una canción que Miranda compuso en 1940, para expresar su protesta por el estereotipo creado por los norteamericanos en relación a los latinos. Gary Morris comenta sobre su gesto de protesta: "Todavía Carmen tenía momentos en los que protestaba mostrando su encantadora sagacidad y sensibilidad (…) En 1945 ella rompió un contrato con Fox e intentó papeles más serios, incluyendo un rol en un dúo con los hermanos Marx, que tuvo un éxito limitado"(3).[24]

La evolución del icono: camp, moda y el tropicalismo.

Susan Sontag en su canónico ensayo sobre "lo camp" escribe: "El sello de lo camp es el espíritu de la extravagancia. Camp es una mujer paseándose con un vestido hecho con tres millones de plumas" (311–12). Podríamos parafrasear esta afirmación de Sontag viendo como "camp" a esa mujer con un vestido y un turbante con decenas de bananas, y dicha extravagancia que configura un estilo, es sin lugar a dudas, parte de una estética "camp". En 1939, Miranda estiliza el vestido de las bahianas y

construye su "marca" como producto *for export.* Su identidad latina se
construye con y en base a una vestimenta que será su marca diferencial y
única: los zapatos plataformas, los turbantes, los exagerados movimientos
de sus manos, los collares, las pulseras que ella popularizó y que se
extienden a tiendas de marcas importantes y caras, creando una moda que
los demás explotan a su costa, y de los que ella no llegará a cobrar ni
siquiera derechos de marca. Lo exótico es prontamente comercializado y
al mencionar este proceso explica Guerra: "A pocas semanas después de
su llegada, la tienda Saks Fifth Avenue, en Nueva York, desplegó en sus
escaparates una nueva línea de faldas, blusas y turbantes que imitaban su
estilo, mientras que otras tiendas llenaron sus escaparates con zapatos de
altas plataformas y accesorios de bijouterie" (2004: 11).[25] Unos meses
más tarde y para incluir en el proceso de consumo a mujeres con menores
recursos, Macy's creó un turbante de rayón y seda que se promocionó
como "The South American Turban Dizzy" y se vendió al modesto precio
de dos dólares con setenta y siete centavos. Poco a poco su vestimenta fue
volviéndose más llamativa hasta crear un impacto visual dentro de una
estética del *Camp*, pero no olvidemos que esa cámara que se posa y sigue
la perspectiva de las bananas no es una cámara ingenua, sino que responde
contextualmente a las circunstancias políticas del momento. Tal como
concluye Sandoval, con el pasaje del tiempo se va transformando en "(…)
más postmoderna, más compleja, más *campy*" (…) "Las actuaciones de
Miranda serán siempre recordadas como las más hilarantes y ridículas
representaciones de la latinidad dentro de la imaginería cultural de
Hollywood y de los Estados Unidos" (42–3).[26]

Respecto a su recepción futura, no podemos dejar de mencionar el
impacto que ejerció la estrella sobre el imaginario del movimiento
denominado "Tropicalismo". En 1997 reaparece su imagen como figura
central a la estética del movimiento. Caetano Veloso menciona esta
reaparición en su ensayo "Carmen Mirandada", ensayo a través del cual
desarrolla los principios del movimiento cultural conocido como
Tropicalismo y explica:

> La canción–manifiesto "Tropicália", homónima del trabajo de
> Oiticica, cierra con la exhortación "Carmen Miranda da–da– dada".
> Hemos descubierto que era para nosotros al mismo tiempo nuestra
> caricatura y nuestra radiografía y cuando empezamos a darnos
> cuenta del destino de esa mujer, que era una típica muchacha de
> Río, nacida en Portugal, quien, mostrándose a la manera del pueblo,
> mediante la elegante estilización de las vestimentas de las bahianas
> (mujeres de Brasil), conquistó el mundo y llegó a ser la actriz mejor
> pagada de todos los Estados Unidos de su tiempo (41).[27]

Es evidente, la proyección de la figura de la estrella en el recorrido de la historia brasilera, y aunque ella no fuera brasilera de origen ni su agenda ideológica apuntara a reivindicaciones de mayores alcances, las repercusiones que genera su imagen en diversos niveles es más que significativa y refuerza su iconicidad y la permanente referencia a su persona, ya sea a través de un "modo" de vestir como un "modo" de estar en la escena. La siguiente afirmación de Veloso sintetiza parte de lo desarrollado en nuestro intento de lectura del icono Miranda: "Ella está siempre presente porque, como siempre los Tropicalistas pronto consideraron, que detrás de lo extraordinario de su destino, existía la calidad de su arte"(42).[28] Largo recorrido realizado en pocos años, desde su Portugal negado natal, hasta las escenas de Hollywood, transformándose en esa falsa bahiana que antes de asumir su posición como "diosa" del *camp*, dejó en torno a ella una reinvención del samba que fue retomada en años posteriores por artistas de prestigio internacional de la talla de Antonio Carlos, Vinicius de Moraes, Tom Jobim, y Sergio Mendes, lo que le hiciera escribir a Veloso: "Ella llegó a hacer más y mejor samba de lo que estamos dispuestos a admitir"(43).[29]

Elementos como estos nos permiten comprender la persistencia de su recuerdo, que ha reaparecido periódicamente desde su muerte en 1955, en los sesenta, a través de los cineastas del grupo Tropicalia quienes se mostraron fascinados por su presencia y por sus películas, y en los noventa, resurge nuevamente a través de la película de Solberg. Los distintos momentos de la crítica cultural nos muestran cada vez más ricas y multidisciplinarias lecturas de la diva, y nos descubren múltiples significaciones en torno a sus representaciones y al mito que la sostiene.

Notas

[1] El poema "Carmen Miranda" de Pablo Armando Fernández (Cuba, 1930. Premio Nacional de Literatura en 1996), apareció publicado en *Revista Cine Cubano* ISSN: 1607–6370, No. 152, http://www.cubacine.cu/revista/no.152/carmen.html.

[2] Me refiero en este punto al grabado *America* de Theodor Galle (1580) a partir de un dibujo de Jan van der Straet (ac. 1571), en el ensayo "The Work of Gender in the Discourse of Discovery" de Louis Montrose.

[3] La filmografía de Carmen Miranda incluye: *A Voz do Carnaval* (1933), *Alô Alô Brasil* (1935), *Estudantes* (1935), en donde su personaje

se llama Mimi; *Alô Alô Carnaval* (1936), *Banana da Terra* (1939), *Down Argentine Way* (1940), *Laranja da China* (1940), *That Night in Rio* (1941), en donde se llamó Carmen, *Weekend en La Havana* (1941), en donde se llamó Rosita Rivas, *Springtime in the Rockies* (1942), en donde representó a Rosita Rivas; *The Gang's All Here* y *The AKA Girls he Left Behind*, (1943), donde fue Dorita, *Four Hills in a Jeep* (1944), en donde se llamó Carmen Miranda; *Something for the Boys* (1944), en donde representó a Chiquita Hart, *Greenwich Village* (1944), en donde fue Princess Querida, *The All–Star Bond Rally* (1945), donde se representó a sí misma, *Doll Face aka Come Back to Me* (UK) (1945), donde fue Chita. En *If I'm Lucky* (1946) fue Michelle O'Toole; en *Copacabana* (1947) fue Carmen Novarro, en *A Date with Judy* (1948) fue Rosita Cochellas, en *Nancy Goes to Rio* (1950), fue Marina Rodrigues, en *Scared Stiff* (1953) fue Carmelita Castinha.

[4] En "Carta de Brasil. La bomba brasileña" Colomé incluye el siguiente comentario de su hermana Aurora: "Allí, la gente no entendía las letras de las sambas que cantaba tuvo que aderezar su actuación usando más ritmo, más complementos" (121).

[5] Las traducciones de las citas son de la autora. "Money, money, money... and *hot dog*. I say yes, I say no and I say money, money, money. And I say turkey sandwich and I say grape juice".

[6] Enloe aborda en el mencionado libro una interesante historia de la promoción política y económica de las bananas, aborda como línea histórica la inserción de USA en la economía de Mercado latinoamericano, en los años cuarenta, a finales de la Segunda Guerra Mundial, explicando: "United Fruit's biggest contribution to American culture, however was 'Chiquita Banana'. In 1944, Carmen Miranda was packing movie houses and American troops were landing on Europe's beaches, United Fruit advertising executives created a half–banana, half–woman cartoon character destined to rival Donald Duck. Dressed as a Mirandesque market woman, this feminized banana sang her calypso song from coast to coast. Chiquita Banana helped to establish a twentieth–century art from, the singing commercial. One could hear her singing the praises of the banana on the radio 376 times. (...) Roosevelt's 'Good Neighbor' policy and Carmen Miranda's Hollywood success had set the stage; animated cartoons and the commercial jingle did the rest. Between the woman consumer and the fruit there now was only a corporation with the friendly face of a bouncy Latin American market woman. Forty years later United Fruit Company has become United Brands; its principal subsidiary is Chiquita Brands, bringing us not only bananas, but melons, grapefruits and tropical juices"

(128–29).

[7] How does Hollywood position itself and North Americans in relation to the Southern neighbours? How is its friendliness constituted? How does it differ from Hollywood's prior circulation of so called stereotypes and its negligent undifferentiation of the continent?".

[8] "Notwithstanding the number of films produced, and the number of Latin American actors contracted by the studios in this period, it is difficult to describe Hollywood's position with regard to these suddenly welcomed 'others' as respectful o reverent".

[9] Alude a la política de USA respecto a la negritud, Walter Aaron Clark en su ensayo "Doing the Samba on Sunset Boulevard. Carmen Miranda and the Hollywoodization of Latin American Music" cuando explica que en los tiempos en que Miranda filma *That Night in Rio,* "Consciously or not, audiences and reviewers did not want negritude" (259). Recordemos que entre los años 20 y 30 y especialmente como resultado del movimiento modernista se produce entre la 'intelligenzia' brasilera un llamado a descubrir la realidad brasilera, lo que incluye la consideración de los elementos africanos y nativos propios del país. Para ese momento; "The centerpiece of this ideology was *mestiçagem*, a belief that the racial 'melting–pot' was beneficial and not negative" (260). Este programa se convirtió en la llave maestra para la política de integración nacional del presidente Getulio Vargas, uno de los principales soportes para la promoción de Carmen en el exterior. Pero desde el exterior, aclara Clark: "Savage, torrid, witchdoctor's nightmare, jungle music: these are some of the ways the press and industry publicists often referred to Miranda and his numbers, revealing attitudes about Latin American in general" (264).

[10] "The musical, as the most popular wartime film genre, consequently offers a rich field in which to investigate issues of feminine representation and reception".

[11] "In the same vein and in true 'democratic' spirit, Fox cast Miranda as a variety of Latin American nationalities – *Down Argentine Way, That Night in Rio, and Weekend in Havana.* She appears either as herself, Carmen, or as some stereotypically Latin persona– alternately Querida, Chiquita, Chita, Marina, Carmelita, and in four films Rosita. Casting Miranda as a generic, homogenized version of our 'good neighbor' robs her of any claim to her actual heritage".

[12] "In this opening scene, Miranda introduces the dazzled audience to

the flavor, glitter, rhythm and vivaciousness of Latin American Culture. Her song 'South American Way' maps the stereotypical representation of Latin America as the land of romance where all worries are forgotten. The tropics signal sexual liberation and leisure time".

[13] "Carmen succeeded in becoming a 'Brazilian singer' largely through the use of humor and folklore by presenting stereotipacal images familiar to a national audiences of blacks and mulattoes" (...) "She served as a middle–class vehicle between the mostly black and mulatto favelados and the nation".

[14] "Not only did Miranda make a spectacle of herself, of Latin American women, and Latin America, but critics and audiences glamorized her as tropical bird with all its plumage and splendor, a native of the jungles".

[15] "I met an American girl in a doctor's office here and she say: 'Ees these how a Brazilian womans look?'... as if I am supposed to have feathers in my hair like Indians. And she ask if in Brazil they have electric lights yet, HAH!...North Americans do not want to learn about other countries, especially their language. Yanquis expect us to learn their language instead".

[16] "Samba, bolero, rumba and tango blended in a cultural fandango where the loud Olés of Spain added the perfect flavor to the now so called 'Bananas movies', whose scripts were strictly supervised by agents of the CIA".

[17] En relación a esta agrupación Rita Felski afirma: "My broad division of feminist narratives into two groups derives from the degree of emphasis given to either the inward transformation of consciousness or to active self–realization within the individual text, but it should be stressed that this division does not constitute an opposition or signify that these two models of female self–discovery are to be viewed as mutually exclusive" (1989: 128).

[18] Martha Gil–Montero explica en la biografía de Miranda: "The 'grotesque behavior' some critics mentioned –that uninspired presentation of Carmen's comic qualities– would be detectable in some of her future performances. She was not always to blame for the lack of taste or the stupidity of certain situations. Two cases in point were her performances on the small screens as Milton Berle's guest in the 'Texaco Star Theatre' and on the big screen in Scared Stiff (...) Carmen in this film comes across as a caricature of herself. She looks cheap. She is a hybrid Latina thrown in to provoke laughs. She even ends up in an absurd production number as

'The Enchilada Lady', peddling Mexican food" (210–11). Lo cierto es
que, si seguimos los argumentos de la investigación llevada a cabo por
Gil–Montero, descubriremos que no fue por razones económicas, por
ejemplo, que aceptó rodar la película. Se sabe que parte de lo ganado en
esta película lo donó a fundaciones de caridad en San Pablo. También se
sabe que en esta etapa, en el verano de 1952, se encontraba en un estado
psíquico desastroso, que incluía la dependencia de pastillas para dormir y
el consumo de alcohol.

[19] En este punto su destino fatal nos recuerda el de Marilyn Monroe.

[20] "Carmen knew who she was. If she stayed in Brazil she would have
developed more as an artist. But who would turn down an offer to go to
Broadway and to Hollywood? She was an overnight success without
knowing a word in English. [...]. There was a kind of jealousy among the
older elite. But for the poor, she was like Evita, who also came from a poor
background and exuded luxury with her furs and jewelry. Carmen
represented them and their dreams. She was one of them. The more bananas
the better!".

[21] Leticia Monte es la actriz que representa a Carmen Miranda
adolescente y Erick Barretto la sustituye en otras escenas, a lo largo de la
película.

[22] "Creating a link with the audience through a personal, confiding
voiceover, Solberg entices them to put aside their expectations and make
the journey with her to understand: What is behind that image? How did it
come to be? Who was that under all the fruit and bangles?".

[23] Charles Ramírez Berg en su estudio sobre los estereotipos latinos
explica: "The female clown is the comic counterpart of the Latino male
buffon and, like the harlot, exemplifies a common device that the Hollywood
narrative employs to neutralize the screen Latina's sexuality", y más adelante
alude a la bailarina brasileña del siguiente modo, "A better example is
another well–known female clown, Carmen Miranda, who provided
colorful portrayals of Latin American women in numerous films in the
1940s [...] Miranda's multicolored costumes and fruit–covered hats donned
to perform splashy 'Latin' musical numbers (most notoriously 'The Lady
in the Tutti–Frutti Hat' number from Busby Berkeley's *The Gang's All
Here* (1943) instantly moked the folklored costumes – and customs – of
Brazil and Latin America in general" (2002: 75). Siguiendo en la línea de
Ramírez Berg podríamos pensar como su contrapartida masculina –al
payaso (*The Male Buffon)*– a Ricky Ricardo (Desi Arnaz) en "I love Lucy"

o en la televisión podemos reconocer en este rol a Pancho (Leo Carrillo) en "The Cisco Kid" (73).

[24] "Still, Carmen had moments of protest that showed her charming wit, style and sensitivity (…) In 1945 she bought out her Fox contract and attempted more serious roles –including playing a dual role in a Marx Brothers movie– with limited success". La suscinta nota de Gary Morris "Carmen Miranda: *Bananas Is My Business*" en la que comenta la película de Solberg y la repercusión de la imagen de la estrella puede leerse en "http://www.brightlightsfilm.com/16/carmen.html".

[25] "A few weeks after her arrival, Saks Fifth Avenue in New York displayed in its pricy shop windows a new line of skirts, blouses, and turbans in her style, while other stores filled their windows with her high platform shoes and her ornate jewelry".

[26] "More postmodern, more complicated, more campy and Miranda's performances will always be remembered as the most outrageous and hilarious representation of Latinidad in Hollywood and in U.S. cultural imaginery".

[27] "The song–manifesto 'Tropicalia', homonymous with Oiticica's work, closes with the exhortation: 'Carmen Miranda da–da dada'. We have discovered that she was both our caricature and our x ray, and we began to take notice of the destiny of that woman, she was a typical girl from Rio, born in Portugal, who, using a blatantly vulgar though elegant stylization of the clothes characteristic of a *baiana* (woman from Bahia) had conquered the world and become the highest–paid woman entertainer in the United States".

[28] "She is always present because there is, as the Tropicalists soon had to consider, beyond the extraordinary character of her destiny, the quality of her art".

[29] "She made more and better samba here than we were willing to admit".

Obras citadas

Barthes, Roland, *Mythologies* (Madrid: Siglo XXI, 1983).

Butler, Judith, *Gender Trouble*. *Feminism and the Subversion of Identity* (New York and London: Routledge, 1990).

Clark, Walter A., "Doing the Samba on Sunset Boulevard. Carmen Miranda and the Hollywoodization of Latin American Music", *From Tejano to Tango*. *Latin American Popular Music* (New York and London: Routledge, 2002): 252-75

Colomé, Delfín, "Carta de Brasil. La bomba brasileña", *Cuadernos Hispanoamericanos* 605 (Nov. 2000): 119-23.

Davis, Darién J., "Racial Parity and National Humor: Exploring Brazilian Samba from Noel Rosa to Carmen Miranda, 1930-1939", *Latin American Popular Culture. An Introduction*. William H. Beezley y Linda A. Curcio– Nagy, ed. (Delaware: Scholarly Resources, 2000): 183-201.

Enloe, Cynthia, "Carmen Miranda on my Mind: International Politics of the Banana", *Making Feminist Sense of International Politics. Banana, Beaches & Bases*. (Berkeley: University of California Press, 1989): 129-76.

Felski, Rita *Beyond Feminist Aesthetics: Feminist Literature and Social Change*. (Cambridge, Mass.: Harvard University Press, 1989).

Gil- Montero, Martha, *Brazilian Bombshell. The Biography of Carmen Miranda* (New York: Donald I. Fine. Inc., 1989).

Guerra-Cunningham, Lucía, *La mujer fragmentada. Historias de un signo* (Santiago: Editorial Cuarto Propio, 1994).

—., *Las noches de Carmen Miranda* (Buenos Aires: Editorial Sudamericana, 2002).

—., "Between History and Fiction: The Nights of Carmen Miranda", *Philological Association of the Pacific Coast* 39 (2004): 9-16.

Kleinbord Labovitz, Esther. *The Myth of the Heroine. The Female Bildungsroman in the Twentieth Century* (New York: Peter Lang, 1988).

López, Ana M., "Are All Latins from Manhattan?", *Film and Nationalism*, Alan Williams, ed. (New Brunswick, New Jersey and London: Rutgers University Press, 2002): 195–214.

Moret, Zulema, "Voces y resonancias: diálogos con escritoras latinoamericanas", *Alba de América* 22.41-42 (2003): 575–585.

Morris, Gary, "Carmen Miranda: *Bananas Is My Business*", *Bright Lights Film Journal* 16 (Abril 1996) (http://www.brightlightsfilm.com/16/carmen.html):1-3.

Ramírez Berg, Charles, *Latino Images in Film. Stereotypes, Subversion, Resistance.* (Austin: University of Texas Press, 2002).

Roberts, Shari, "'The Lady in the Tutti–Frutti Hat': Carmen Miranda, a Spectacle of Ethnicity", *Cinema Journal* 32.3 (Spring 1993): 3–23.

Sandoval-Sánchez, Alberto, *José, Can you see? Latinos On and Off Broadway* (Madison, WI: U of Wisconsin Press, 1999).

Terrell, Nena, "Helena Solberg unmasks a Brazilian Idol", *Américas* 48.1 (Enero-Febrero 1996): 48–53.

Solberg, Helena, *Bananas Is My Business* (International Cinema, Inc., 1994).

Sontag, Susan, *Contra la interpretación* (Barcelona: Seix Barral, 1969).

Veloso, Caetano, "Carmen Mirandadada", *Brazilian Popular Music & Globalization.* (New York: Routledge, 2002): 39–45.

El papel de la mujer en el tango. La trayectoria de Malena.

Graciela Michelotti
Haverford College

El tango le canta permanentemente a las mujeres. Algunas se volvieron míticas bajo los nombres de Estercita, Mireya o Malena
(Dos Santos 1998: 251).

Reina y yo no nos parecemos en nada, Reina es mucho más buena que yo. Almudena Grandes, *Malena es un nombre de tango*
(1999: 42).

Elena Dos Santos introduce uno de los pocos estudios dedicados exclusivamente al tema de la presencia femenina en el tango con la frase "El tango nació machista y no hay machismo posible sin mujeres" (1998: 241). Me propongo investigar en este trabajo el rol de la mujer en la música porteña, especialmente desde el aspecto de la interpretación del tango canción *Malena*, como una manera de reevaluar la concepción tradicional de los aspectos pasivos y victimizantes de la mujer en la poética de la música porteña por excelencia.[1]

Encuentro que el personaje del tango *Malena* ofrece una perspectiva interesante para el estudio de por lo menos esta, *su* representación de lo femenino, pues su historia se extiende desde los años 40, la Época de Oro del tango, y es recorrida por varias intérpretes mujeres. Me interesa descubrir cómo los elementos de representación icónica de lo femenino son construidos de manera consciente por el poeta varón que al ocuparse de la mujer que canta el tango apunta en un movimiento elíptico a un reflejo de sí mismo y de su arte.

Iris Zavala en *Bolero. Historia de un amor* (2000) establece una relación entre bolero y tango basada justamente en lo icónico:

> Armonía y ritmo se conciben así como formas de cultivar el yo para el juego amoroso. Es la modalidad, la inquietud donde hay que comprender estas prácticas, en que el placer se une a la

sustancia ética. El bolero - así como el tango- es texto icónico que recompone todas las textualidades consabidas de la mujer, desde la perversa Mesalina o Salomé, hasta la virginal princesita ingenua (21).

El nombre de Malena surge a partir del tango canción homónimo compuesto por Lucio Demare, con letra de Homero Manzi, estrenado por la voz de Francisco Fiorentino y la orquesta de Aníbal Troilo en 1942. Es uno de los pocos tangos del repertorio nacional que ostenta nombre de mujer en su título.

Malena canta el tango como ninguna
y en cada verso pone su corazón.
A yuyo del suburbio su voz perfuma,
Malena tiene pena de bandoneón.
Tal vez allá en su infancia, su voz de alondra
tomó ese tono oscuro de callejón,
o acaso aquel romance que sólo nombra
cuando se pone triste con el alcohol.
Malena canta el tango con voz de sombra;
Malena tiene pena de bandoneón. [2]

Tu canción
tiene el frío del último encuentro,
tu canción
se hace amarga en la sal del recuerdo.
Yo no sé
si tu voz es la flor de una pena;
solo sé, que al rumor de tus tangos, Malena,
te siento más buena,
más buena que yo.

Tus ojos son oscuros como el olvido,
tus labios, apretados como el rencor,
tus manos, dos palomas que sienten frío,
tus venas tienen sangre de bandoneón.
Tus tangos son criaturas abandonadas
que cruzan en el barro del callejón,
cuando todas las puertas están cerradas
y ladran los fantasmas de la canción.
Malena canta el tango con voz quebrada,
Malena tiene pena de bandoneón[2].

[marginalia izquierda superior:] El hombre ¿tiene de una canción?

[marginalia roja izquierda:] por ella no es una amante, ella es una cantante

[marginalia roja derecha:] lark (experta de canción)

¿Podría Malena, la que "canta el tango como ninguna", ocupar un lugar paralelo al de Carlos Gardel "que cada día canta mejor" como icono popular? Desde sus orígenes, el tango habla de carencias: la falta de concreción para las masas de las promesas de la modernidad, la nostalgia del inmigrante provocada por el recuerdo de su tierra natal, un espacio perdido y añorado. Estos vacíos se representan en el tango en múltiples referencias a la ausencia de la mujer deseada, sea esta la amante engañosa, la mujer bella que está en camino de perder su juventud, la madre ausente o abandonada. En varios de los mitos de origen del tango, que son muchos, se menciona la falta de la presencia física de la mujer como uno de los elementos creadores del prostíbulo y su producto, el tango. Se alude a una Buenos Aires superpoblada de inmigrantes solteros y hombres de campo que llegan solos a la gran ciudad. Deben competir entre ellos, con el baile y con el cuchillo, para poder ponerse en contacto con las pocas mujeres disponibles y entre ellas con aquellas cuya reputación les permitiera bailar el tango y a las que hombres de dudoso prestigio de clase pudieran tener acceso.

Si bien es cierto que el tango de la Década de Oro de los 40 se purifica del entorno marginal que le dio origen, se mantienen en sus letras y en las "representaciones" del mismo, alusiones a esta génesis como otro espacio donde ejercitar la nostalgia ¿Cómo se sitúa la mujer que canta o escucha el tango dentro de este contexto? ¿Qué significa que una mujer interprete, desde la poética y el canto, estas ausencias, cuando ella es la gran ausente? ¿De qué recursos se vale una mujer para convertirse en agente de poder en un contexto dominado por la voz autorial del hombre? Marta E. Savigliano ya ha esbozado una respuesta a este cuestionamiento cuando en su excelente estudio dice:

> Aunque las mujeres están en el centro de la polémica (acerca del machismo en el tango) no tienen un papel central. Las mujeres son, por así decirlo, los significantes exhibidos. Los comentarios misóginos son, en el uso que hacen de la mujer, manipulaciones entre hombres. Los lazos entre los hombres, la sociedad masculina, la masculinidad, es lo que está en juego. Y es un juego de poder entre hombres (Savigliano 46).[3]

El tango *Malena* de 1942 parece señalar el lugar anónimo e indefinido donde la mujer del tango habita: primero el burdel; después de 1919, cuando estos son ilegales, el cabaret y el escenario popular representado por el sainete y el teatro de revistas. No hay en *Malena* referencias claras al espacio donde ella canta, de modo que se puede suponer que en su canción triste convoca todos estos lugares.

Donald Castro señala que la aparición de Rosita Quiroga, la primera vocalista, seguida inmediatamente por Azucena Maizani en 1923, se presenta íntimamente relacionada con la fecha de la prohibición de los burdeles, y en conjunción con la de la aparición de la radio como nuevo medio de comunicación. "La importancia de las mujeres en la radio es doble: funcionaron como estrellas tanto como oyentes y consumidoras. La radio llevó el tango al hogar y atrajo a las mujeres a su público" (70).

En *Malena* la figura femenina mencionada no se relaciona ni con el burdel ni con el hogar, los lugares que sitúan al estereotipo de la mujer del tango convencional, ni con el tipo de mujer que los habita. Malena no es ni "la milonguita", ni "la costurerita que dio el mal paso", ni "la mina / muñeca brava", representadas por Estercita o Mimí Pinzón, ni la que "*acaso se llamara solamente María*", personaje de otro de los pocos tangos cuyo título, *María*, ostenta nombre de mujer y que repite la imagen de la amada ausente. Su falta de referencias a personajes, espacios y momentos específicos acentúan su condición generalizadora de icono.

El primer tango escrito desde la perspectiva de la mujer y uno de los primeros en obtener repercusión internacional fue *La morocha* (1905), con música de Enrique Saborido y letra de Angel Villoldo. El personaje femenino del título reafirma su existencia, desde un yo activo, en función del hombre al que sirve:

> Yo soy la morocha,
> la más agraciada,
> la más renombrada
> de esta población.
> Soy la que al paisano
> muy de madrugada
> brinda un cimarrón...
> En mi amado rancho,
> bajo la enramada,
> en noche plateada,
> con dulce emoción,
> le canto al pampero,
> a mi patria amada
> y a mi fiel amor.
> Soy la morocha argentina,
> la que no siente pesares
> y alegre pasa la vida

con sus cantares.
Soy la gentil compañera
del noble gaucho porteño,
la que conserva el cariño
para su dueño.

La morocha produce un montaje que crea una imagen de la geografía de la patria relacionada con el amor al hombre. Ella es bella, popular y fiel. Como el "gaucho porteño" al que ama, es una total construcción, tan híbrida como aquel, sin paralelo en el mundo real. Esta primera identificación de la mujer con la patria se transformará en *Malena* en una identificación con el tango y la que "alegre pasa la vida" de estos primeros años se teñirá de la nostalgia de la música que entona.

Se dice que el tango "La morocha" tiene su origen cuando Lola Candales, uruguaya como Saborido, le pide a su compatriota: "Por favor, hágame un tango que se pueda cantar delante de las mujeres sin rubores"(Dos Santos 1998: 243). Así imaginadas, las mujeres no son sólo el sujeto del tango sino su público que está presente desde antes de la popularización del medio radial. Con *La morocha*, llevado al disco en París por Flora Rodríguez de Gobbi, comienza el rol de cancionista.

La morocha es el primer tango al que la alta sociedad argentina le abre las puertas, por un lado porque su letra es casi totalmente aceptable por su contenido y, por otro, más importante, porque fue grabado en París. Cuando a partir de 1917, el tango argumentado se transforma en el tango en sí, las cancionistas se van a multiplicar... Las mujeres cantan tango con la misma frecuencia y en la misma proporción que los hombres (Sabraña y Sebastián 127).

Luego de *La morocha* las letras donde la voz femenina habla en primera persona empiezan a mermar (Dos Santos 1998: 246-247). Dos salvedades memorables son: *Julián* (1923) con música de Edgardo Donato y letra de José Panizza:

¿Por qué me dejaste,
mi lindo Julián?
Tu nena se muere
de pena y afán...
En aquel cuartito
nadie más entró
y paso las noches
llorando tu amor.

y *Padre Nuestro*, de la misma fecha, con música de Enrique Delfino y letra de Alberto Vaccareza.

> ¡Padre nuestro!…
> Qué amargura sentí ayer
> cuando tuve la noticia
> que tenía otra mujer...

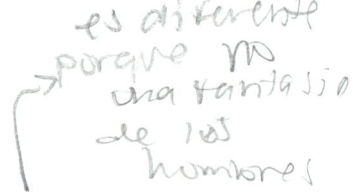

es diferente porque no una fantasía de los hombres

Tanto *Julián* como *Padre nuestro* son excepciones dentro del corpus tanguero porque éstas no son mujeres que repiten la imagen idealizada que habita la fantasía masculina creadora de *La morocha* sino la de una mujer que se queja de la ausencia del amor del hombre con la misma actitud que lo hace la voz típica del varón.

En *Malena* el yo femenino desaparece. Su génesis está centrada en una ambivalente presencia y ausencia del yo. La historia de su origen dice que este tango está inspirado en Elena Tortolero, de nombre artístico Helena de Toledo, hija de inmigrantes españoles, que nació en Argentina pero se crió en Brasil. Este hecho le dio acceso a un repertorio de canciones populares a nivel bilingüe e internacional. Helena de Toledo alcanzó fama en los años cuarenta. En esa época la conoció Homero Manzi, en un viaje a Porto Alegre y la escuchó cantar, emocionado al oír el tango fuera de Buenos Aires. La leyenda continúa explicando que cuando Helena se enteró de que ella era la inspiradora de la letra de *Malena* dejó de cantar para siempre. *Así se baila el tango* de Elías Randal con letra de Elizardo Martínez Vilas, compuesto el mismo año que *Malena* (1942) parece hacer eco a esta parte del mito cuando incluye en su letra: *Así se baila el tango … cerrando los ojos para oír mejor, cómo los violines le dicen al fuelle, por qué desde esa noche, Malena no cantó.* La cantante famosa, para pasar a la historia, debe enmudecer.

(margin note: Possibly the mixing of the character of Malena)

Otras versiones de la historia de *Malena* cambian Porto Alegre por Río de Janeiro, Sao Paulo o los Estados Unidos, y algunos se refieren a Elena-Malena como María Elena Lerena. En una palabra: los orígenes del posible modelo de *Malena* son tan difíciles de trazar como los del tango mismo.

La Malena personaje del tango no se presenta como un objeto de deseo amoroso o erótico convencional de la voz que la canta, sino como un modelo artístico. Aún así no se puede decir que ella sea un sujeto actante. Ella *es el* tango. Lo canta y es cantada.[4] Incluso el título de la novela de Almudena Grandes, *Malena es nombre de tango,* es revelador en este sentido. Malena no es el nombre de *un* tango sino que el nombre y el tango parecen implicar la misma cosa.

Otra vez aquí una cita de Zavala viene al caso. Dice Zavala en su lectura lacaniana del bolero: "… hay pasión cuando hay sufrimiento testimoniante, cuando está presente la mirada del Otro… El objeto del deseo se convierte en el poema, no en el poeta" (Zavala 37).

Malena canta el tango *como ninguna* y no sólo su canción sino también su cuerpo se tornan la esencia del tango mismo. Tiene *ojos de olvido, labios de rencor, manos que son palomas con frío y venas que llevan sangre de bandoneón*. Genera tangos que, como ella, son *criaturas abandonadas,* o que tal vez ella misma, madre imperfecta, ha abandonado. Es claro que Malena es la descripción del arte de una cantante que concretiza el tango. Lo que queda en suspenso es dónde se sitúa el yo que la canta, especialmente cuando el tango es interpretado por una mujer.

Después de una introducción en tercera persona: *Malena canta el tango como ninguna*, los versos adquieren un tono íntimo en el que se establece una conversación entre el yo y el tú. "Tu canción tiene el frío del último encuentro, -" yo no sé"- "te siento más buena, más buena que yo".

La línea *más buena que yo* no sólo se refiere a quien canta sino que logra crear una distancia entre la figura femenina y el oyente. Personalmente siempre imagino a Malena sobre un escenario teatral o en la tarima de un bar o café-concert, nunca sentada a mi lado, nunca en conversación. Malena no habla, sólo canta. La imagen permite reproducir la *performance* de las milongueras, las bailarinas de tango, que no se comunican con su compañero por la palabra o la mirada. El lenguaje es sólo el del movimiento. Del mismo modo Malena no puede, o tal vez no quiere, hablar conmigo: es *"más buena que yo"*.

Dos Santos establece una diferencia entre las primeras mujeres que cantan el tango, las cancionistas y las cupletistas o tonadilleras:

De este pueblo nacieron las cancionistas. Del pueblo pobre, trabajador. No tuvieron nada que ver con el ambiente prostibulario de los orígenes del tango. No tuvieron nada que ver tampoco con el mundo fuertemente sexuado de las varietés. Esa condición humilde hizo que las cancionistas fueran sentidas por el público femenino y por las familias como parientas cercanas. No eran exóticas como lo habían sido las tonadilleras. Sus vidas eran tomadas como ejemplos de triunfo en la vida. Eran espejos para los sueños de las obreras. Modelos de ascenso social (2001: 249).

Lo importante aquí no es dilucidar qué tipo de cantante, según la calificación de Dos Santos, se reproduce en el tango *Malena* sino si, en cambio, este tipo de identificación, ya sea con la artista o con el "personaje" que ella canta es posible de alcanzar. En ese sentido, sugiero leer *Malena* como un texto que habita un espacio ambiguo donde los deseos, los del poeta que compone su letra, los de la mujer y los del público, existen en conflicto: Malena es como *yo* pero es mejor que yo. Apunta a una idealización del espíritu del tango que transciende lo personal y que de cierta manera lo traiciona.

Dos Santos, al igual que otros, hace hincapié en la importancia de la aparición del medio radiofónico en la gestación de una, hasta ese momento desconocida, asociación entre la cantante de tango y su nuevo público. El medio no sólo hace posible la expansión de las cancionistas a esferas que antes no hubieran podido consumirlas, sino que produce ese efecto al mismo tiempo que crea una drástica escisión entre la cantante y su cuerpo. Lo que queda de la mujer que canta el tango es sólo su voz. Como he notado arriba, el texto de Homero Manzi enfatiza este proceso de desaparición de la imagen corporal al reconstruir el cuerpo ausente con imágenes poéticas. Ahora sublimado, ese cuerpo no hace referencia a las presencias físicas de mujeres reales sino que "corporiza" la letra de otros tangos.

En *Malena* no hay una sola palabra en lunfardo. Por el contrario, el lenguaje lírico refleja un amaneramiento típico de la época: Malena tiene voz de alondra, por ejemplo, ni siquiera de gorrión. La letra está vacía de acotaciones directas al contexto social. La ausencia de referencias crudas a conflictos de clase, etnia o género corresponde a la de muchos otros tangos-canción de la década del 40, el período que abarca el gobierno de Juan Perón y años precedentes. Castro señala que a partir del golpe militar de 1943, y bajo la tutela de Monseñor Francheschi, el gobierno buscó "purificar" el tango de la presencia del lunfardo para proteger la imagen del idioma y de las mujeres representadas en sus letras. "Sobre todo, los tangos que retrataban a las mujeres como prostitutas, impostoras, tramposas y traidoras ya no eran válidos. Las condiciones que habían creado a esas mujeres ya no eran válidas en la "nueva" Argentina" (Castro 1994: 74. Mi traducción). En ese sentido *Malena* se adelanta a la época. Como he observado, Dos Santos adjudica este cambio precisamente a la presencia notoria de la mujer en la interpretación del tango y en el público, lo que obliga a censurar los resabios de bajo fondo de sus letras (2001: 249). En cualquiera de los dos casos, ya sea por presiones de mercado o por medidas oficiales, lo cierto es que la ausencia de referentes lingüísticos concretos a los orígenes del tango aíslan a *Malena* de la referencias cronológicas y acentúa su valor icónico.

La falta de mención directa a las penurias del inmigrante y el criollo que se ven igualmente desplazados en la Argentina de la primera mitad del siglo no ocultan elementos situacionales que sí aparecen en este tango. El barro del callejón, el recuerdo amargo y frío del último encuentro y la mención de la tristeza íntima que se hace pública por el efecto del alcohol son pautas que aluden de manera metonímica no a los individuos que viven en los callejones del suburbio real sino a los tangos que contienen estos paisajes cuyos personajes habitan.

Frases como: *el yuyo del suburbio, la pena del bandoneón, el tono oscuro y el barro del callejón-suburbio, la tristeza del alcohol, el último encuentro* se reproducen en las letras de los tangos más populares, contemporáneos o posteriores a *Malena*. Van aquí sólo algunos ejemplos. En el mismo año que compone *Malena*, Homero Manzi vuelve sobre la imagen del barro que aparece sintetizada de manera elocuente en la última estrofa de *Barrio de tango*, con música de Aníbal Troilo.

> Así evoco tus noches, barrio 'e tango,
> con las chatas entrando al corralón
> y la luna chapaleando sobre el fango
> y a lo lejos la voz del bandoneón.

Mientras en *Barro* con música de Osvaldo Pugliese y letra de Horacio Sanguinetti (1951) se dice:

> Para qué recordar,
> es mejor olvidar
> que siempre fue mi vida
> toda fango
> como un tango
> del arrabal.

En *Tango y copas* de 1943 con música de Héctor Artola y letra de Carlos Bahr se reitera la relación entre música y alcohol:

> La nostalgia pide copas
> y las copas piden tangos,
> venga un tango rezongón,
> una copa y la emoción
> de evocar el viejo amor.

En *Yuyo verde* de 1944 con música de Domingo Federico y letra de Homero Expósito se repite la referencia al yuyo del suburbio y el callejón:

> Donde el callejón se pierde
> brotó ese yuyo verde
> del perdón.

En *El tango es una historia* también de 1944, con música de Roberto Chanel y letra de Reinaldo Yiso, la relación se concreta con el origen del tango mismo.

> Igual que esos yuyos de humildes veredas,
> que nacen un día sin causa y razón,
> así nació el tango y hoy es una estrella
> que brilla en el cielo de toda emoción.

En *Che, Bandoneón*, (Aníbal Troilo, Homero Manzi, 1949) aparecen unidas las referencias a la pena de bandoneón y la tristeza del alcohol:

> Y esas ganas tremendas de llorar
> que a veces nos inundan sin razón,
> y el trago de licor que obliga a recordar
> si el alma está en "orsai", che bandoneón.

Si bien se puede decir que todos los tangos son discursos que repiten la misma historia, en Malena esa repetición se vuelve textual. Malena es el tango, que se actúa a sí mismo en *Malena*. Así, la alusión a la cantante de tango como la representante de la mujer cuyo posible sufrimiento sirve para exorcizar las penas del hombre se complica: "Yo no sé- si tu voz es la flor de una pena, -sólo sé que al rumor de tus tangos, Malena- te siento más buena- más buena que yo", y se vuelve central. ¿Por qué es Malena mejor que el yo: porque es mujer, porque canta mejor, porque sufre más? Estela Dos Santos señala que:

> Las cupletistas "eran" lo cantado, buscaban un mimetismo total, en cambio las actrices nunca se confundían con sus personajes. Hacían muchos personajes diferentes… El juego estaba convenido y sobreentendido entre quienes se movían arriba del escenario y quienes lo miraban. Era teatro. El tango canción fue una parte de la representación de un personaje para las actrices…Vemos que las actrices cantaban tangos pero no se volvieron cancionistas. La cancionista nacional, como se la

llamaría, habría de nacer en 1923 con Azucena Maizani y Rosita Quiroga (2001: 247-248).

Juan Carlos Copes extiende esta relación con lo teatral del escenario al "libreto", a la historia expresada en la lírica, "Un tango puede contar una historia en tres minutos. De un tango se puede hacer una comedia musical de dos horas. Yo lo logré. Malena. Percal. El día que me quieras. Descifrando renglón por renglón se puede hacer una obra musical" (Citado por Azzi 1991: 26).

El elemento de *performance* se vuelve relevante. Aquellas cupletistas de antes, relacionadas con el pueblo, son asociadas a un romántico concepto de autenticidad. Las otras no son lo que cantan sino que actúan a sus personajes, actúan a Malena, que las representa a todas, como actúan también el mito de movilidad social personificado por la cupletista mientras representan una y repetida vez, el deseo insatisfecho de ese movimiento.[5]

La lista de mujeres intérpretes de tango incluye entre las más famosas a las precursoras: Pepita Avellaneda (1899-1969), Rosita Quiroga (1896-1984) amiga de Eva Perón, representante del tango arrabalero y considerada "la musa rea del tango", Mercedes Simone (1904-1990), y más adelante a Tita Merello (1904-2002) y Libertad Lamarque, (1908-2000), quien recién graba *Malena* en 1988.

Me interesa detenerme en tres del grupo de cantantes mujeres que alcanzaron la fama como intérpretes de tango: la ya citada Azucena Maizani, Susana Rinaldi, y Adriana Varela. Las tres han producido destacadas interpretaciones de *Malena*.

La primera de las tres "*malenas*" que he seleccionado, Azucena Maizani, apodada la "Ñata gaucha", nace en 1902 y debuta cuando sólo tiene 18 años en la orquesta de Francisco Canaro en el cabaret Pigalle, habiendo trabajado antes como costurera, el oficio típico de la mujer de su época y el de muchos personajes femeninos del tango. En 1925 era la figura artística mejor pagada de la Radio Argentina. De allí en adelante su carrera progresa sin altibajos y sólo Carlos Gardel la supera en cuanto a su éxito profesional y económico. Dejó más de 270 grabaciones. Entre ellas, la primera versión del tango *Malena* cantado por una mujer. En 1929, coincidiendo con la época de éxito del tango en el exterior, empieza a recorrer el mundo. Es pionera también en estas giras. Actúa en varias producciones cinematográficas y es empresaria de numerosos musicales. En los años sesenta se presenta en el exterior como "la novia de Gardel", apodo que la iguala al icono tanguero por excelencia en el nivel del mito, ya que no en el ámbito de una relación afectiva real.

A pesar de este éxito, Dos Santos califica la vida de Azucena Maizani de "patética como sus canciones" pues pone el énfasis en sus fracasos amorosos y no en su trayectoria profesional. Se podría adjudicar esto a la clásica confusión que evalúa la trayectoria de personajes femeninos famosos mezclando lo privado y lo público, pero lo interesante es que este aspecto de su vida personal reafirma la idea de que como Malena, Azucena "tiene pena de bandoneón". Agrega Dos Santos que "Azucena misma había comparado su vida con un tango, de esos fuertes, que en tres minutos beben la esencia de un drama" (2001: 41).

Algunos críticos hacen que Azucena Maizani dispute su posición de pionera en la representación de la voz femenina en el tango con Rosita Quiroga, de la que se decía en tono de elogio que era "un macho cantando". La voz aguda de Azucena Maizani era la contrapartida femenina. Como contraste, en muchas de sus presentaciones Azucena Maizani aparece vestida de hombre. Se presenta en el escenario ya sea con atuendos criollos de gaucho, o con la típica vestimenta del compadrito: pantalón de fantasía, saco oscuro y pañuelo blanco al cuello. Linda Thelma (nacida en 1884) había inaugurado esta práctica en España y luego en Francia. A partir de la actuación travestida de la Maizani se hace común que las actrices, con atuendo masculino, incluyan tangos en los sainetes presentados en Buenos Aires y la costumbre sigue sido reproducida en espectáculos del presente.

Imaginar a esta figura pequeña, de voz casi chillona, en contraste con la imagen que debería producir su carnavalesca máscara de hombre invita a reflexionar una vez más sobre la presencia del cuerpo y el énfasis que el tango en su poesía y en sus intérpretes coloca en la posibilidad de alterarlo. Por un lado se puede pensar en la figura femenina vestida de hombre como un recurso que presta autoridad a la participación de la mujer en el tango en espectáculos dedicados a un público de clase media. Sospecho que al mismo tiempo apunta, con un nostálgico tono tanguero, al rol de la mujer en el burdel, dónde la música se origina, y a quien, según recuenta Jorge Salesi, Matamoro describe: "uniformada en una especie de traje de trabajo, con polainas abotonadas [y] una navaja en la liga, cuando no llevaba pantalones de montar y una falda abierta" (162).

Susana Rinaldi, la Tana, aparece en la escena del tango a finales de la década del sesenta. Su estilo de baladista abre un surco nuevo en la interpretación de la canción popular. De familia de artistas, se inicia en teatro. Estudia en la Escuela de Arte Dramático, y luego vuelve a la escena, en teatro y en cine, ya como consagrada cantante de tango. En el presente es la voz femenina de más renombre, sobre todo en la escena tanguera internacional, y *Malena* es una de sus interpretaciones más populares. A pesar de que Susana Rinaldi usa un vestuario de gran dama en sus actuaciones, no es poco común verla también recurrir, en presentaciones y portadas de sus grabaciones, al uso de sombreros masculinos, o a peinados de cabello muy corto que enfatizan sus grandes ojos y su ambigüedad sexual, en presentaciones y portadas de sus grabaciones.

El crítico Napoleón Cabrera la considera una renovadora del canto, que sabe usar todo lo aprendido en teatro y en música. Cabrera parece estar pensando en Malena cuando dice que "sus manos aletean buscando un más allá de comunicación" (Dos Santos 2001: 93).

La misma Dos Santos refuerza el paralelo con la mujer cuyo cuerpo se convierte en lo que canta cuando expresa: "Susana Rinaldi no quiere cantar siempre lo mismo, abandonó "Che, bandoneón", ese abrazo de voz y fuelle que Goyeneche hacía inclinado hacia Troilo y ella hacía doblando el cuerpo y abriendo las piernas, enteramente convertida en bandoneón" (2001: 91). También Oscar del Priore destaca el carácter performativo de sus interpretaciones: "Susana Rinaldi aporta un estilo diferente, un expresionismo tanguero, en el que la interpretación de las letras tiene suma importancia". Susana Rinaldi canta y actúa el canto *como ninguna*.

Adriana Varela, la figura más reciente en esta galería, empieza a grabar en los años 90, y llega al tango desde la profesión de fonoaudióloga. Tiene éxito especialmente entre la gente más joven, la que se acerca al tango por primera vez en esa década, ya que también ha grabado composiciones de rock nacional. Representa a "la cantante de tango" en las escenas iniciales de la película *Plata quemada* (2000) dirigida por Marcelo Piñeyro y basada en la novela homónima de Ricardo Piglia. Su característica personal más interesante es que, como pupila, e imitadora según algunos, del famoso Roberto Goyeneche, "dice" más que "canta" el tango. Si Adriana Varela es la nueva Malena entonces ella se convertirá en la que "dice" el tango "como ninguna" y pasará a ser, entre otras cosas "más buena" que Goyeneche. Se puede afirmar que su presencia es la más femenina, la más sexy de estas tres cantantes. Si bien no viste su cuerpo de hombre cuando interpreta el tango, su voz tiene una sonoridad que muchas veces se confunde con la de una voz masculina. Como su antecesora, la pionera Rosita Quiroga, canta como un varón, y como el de aquella "sus estilos son "de chamuyar (lunfardo por hablar en voz baja) las letras más que cantarlas" (Dos Santos 1998: 253). Agrega Dos Santos citando a Blas Matamoro que "El tono de sus versiones es el de una íntima confesión, como hecha a cada auditor en especial, como monologando ante alguien que está solo, escuchándola" (Dos Santos 1998: 253). Aparentemente

Adriana Varela reproduce la inflexión personal y monologada de Malena. Ella es la única intérprete con la que Dos Santos la compara, "… y puede imaginarse que Manzi la imaginó cantando '"Malena'" (2001: 84).

En las biografías de estas tres mujeres el ascenso a la fama está marcado por hitos señalados por sus actuaciones en el exterior: primero Brasil, luego Europa. Como en la historia del tango mismo, su "autenticidad" de estrella no se confirma hasta que no es reflejada por el mundo representado en sus comienzos por el París de la *belle époque*, que separa al tango de sus demasiado locales arrabales porteños para hacerlo accesible a todos.

Al París de entonces se ha sumado ahora el escenario cultural de los Estados Unidos donde el auge del tango se proyecta desde espectáculos de Broadway hasta ubicuas clases que enseñan los pasos de su danza. Encuentro que la película del director Robert Duvall, *Assassination Tango* (2003) presenta un interesante caso que permite ahondar en el análisis de la presencia de la mujer que se interpreta a sí misma en la imagen del tango que se consume fuera de Argentina. Esa imagen se comunica en el exterior por lo visual, el baile, ya que la lírica tanguera no acepta traducción. Aunque el film no trata de una cantante sino de una bailarina de tango, aparecen ciertos elementos de travestismo y apropiación que resulta interesante contrastar. El film trata de un asesino a sueldo de origen estadounidense contratado para matar a un ex torturador de la dictadura argentina (1976-1983) y de los fastidiosos obstáculos que retrasan la ejecución de su labor. Mientras espera, practica el tango. El asesino cumple finalmente con su trabajo, con lo cual logra en un solo acto, ganar su sueldo, aprender a bailar el tango y burlarse de todos los esfuerzos y logros legales que la justicia argentina ha estado desarrollando desde que, en 1983 se estableciera la Comisión Nacional de Investigación sobre los crímenes de la dictadura. Pero eso es tema para otro ensayo. Lo que me interesa ahora destacar es cómo la mujer tanguera sigue, en esta versión, cumpliendo el rol de mediadora entre la producción del arte y estructuras masculinas que ostentan el poder. En la escena en que el asesino ha conocido a la familia de la muchacha argentina que le enseña el tango, que no se llama Malena sino Manuela, el hombre recibe una muy práctica lección de la tía de ésta que parece reírse de él y al mismo tiempo sentir compasión por el incómodo desplazamiento cultural del protagonista. A la salida del salón de bailes, que ostenta un cartel con el nombre de "Casa Malena" en la puerta, la mujer mayor habla de la dominación de las mujeres sobre los hombres en el tango. Según su versión, ellos bailan semi agachados, con las rodillas dobladas, porque las bailarinas, de manera sorpresiva, pueden darles un golpe en sus zonas más débiles. En espacios críticos tradicionales esta postura de los bailarines de tango se asocia con la de la pelea a cuchillo entre compadritos. Mediante la interposición de la imagen del cartel con el nombre de Malena y el discurso de la tía, parece que la tristeza de Malena se ha revertido. Ella "baila" el tango como ninguna, pero ahora se burla de los estereotipos y mitos tangueros. Malena se ha convertido en una "mala nena". El problema es que la independencia y actancia de la "nena mala" de la película, pensada para el consumo del público norteamericano, está justificada, no sólo por la necesidad de hacer presente un discurso pseudo feminista muy de moda y casi de rigor en la cultura popular actual, sino también por las expectativas de ese público que necesita exorcisar todo lo demasiado foráneo de aquello que le atrae justamente por su exoticidad. Como dice Marta Savigliano respecto de la relación del tango con Europa:

La diferencia establecida entre los "civilizados" y los "primitivos", la falta de pasión de unos y el exceso apasionado de los otros, permitió que el consumerismo se transformara en una verdadera manera de satisfacer "las necesidades". Si bien es cierto que el capitalismo logró alienar a los trabajadores creado por el imperialismo) les hacía "recordar" lo que habían perdido y ahora podían comprar (89. Mi traducción).

A pesar de este gesto de afirmación de valores de respeto a la posición de la mujer en el tango, la película sigue enfatizando la posición de la Malena que se mantiene distante, que es "más buena que yo": el asesino vuelve a su hogar en New Jersey a una mujer que no sabe nada de su vida "profesional" ni de Argentina, ni del tango. El aprendizaje que el personaje de Duvall ha desarrollado produce un conocimiento personal y secreto. Su aventura con la argentina no es una aventura de burdel, como las muchas que representan las letras de otros tangos; no le ha robado a su maestra ni la virginidad ni la inocencia. Pero sí la abandona, al irse, en una Argentina de la que él se ha apropiado el derecho a ejercer justicia al estilo individualista del cowboy o el matón de Hollywood. Manuela es aquí, "más buena que yo", porque le enseña el tango y no recibe nada a cambio, porque su destreza y su sufrimiento (y los de la Argentina que exporta tangos y exilados políticos o económicos) sólo sirven para ser consumidos.

Así se vuelve a la pregunta original: dentro de este contexto ¿qué papel tiene la mujer que canta tango, la "Malena" que canta "Malena"? ¿Es suficiente tomar un travestido rol masculino para representarla y actuarla, como se observa en el caso de las intérpretes mencionadas arriba? ¿Alcanza con señalar su pasividad y sólo darle el papel activo de víctima a través de la cual nos salvamos todos? Tal vez en el reconocimiento de que todas somos un poco Malenas, de que todas somos exóticas, tristes, el tango, en cuerpo y alma; de que todas somos consumidas para proteger al que nos apropia, sea este el tradicional o moderno compadrito, podamos empezar a cantar una canción nueva como "ninguna" la ha cantado antes.

Notas

[1] Noemí Ulla considera a Malena como "La representación de la musa popular ciudadana" (126).

[2] Tanto esta como las siguientes referencias a letras de tango han sido obtenidas del sitio:
http://argentina.informatik.uni-muenchen.de/tangos.

[3] Esta y todas las traducciones que aparecen en el presente ensayo me pertenecen.

[4] Una imagen similar se esboza en el cuento de Luisa Valenzuela "Tango" cuando la protagonista dice "Lo amo. Al tango. Y por ende a quien, transmitiéndome con los dedos la imagen del movimiento, me baila" (11). Consultar Luisa Valenzuela, *Simetrías* (Buenos Aires: Sudamericana, 1993).

[5] En el burlón experimento que propone la novela de Marcelo Cohen *Inolvidables veladas* (1996), el hijo de la cantante de tangos acude periódicamente a presenciar las actuaciones de su madre, que se encuentra en estado vegetativo, "recuperadas en un holograma proyectado desde los dos primeros palcos del teatro, y la voz era el convincente producto de un sampler en base a los temas mejor grabados por la cantante poco antes de los primeros síntomas de rigidez"(9). En Marcelo Cohen *Inolvidables veladas* (Barcelona: Minotauro, 1994).

Obras citadas

Azzi, María Susana, *Antropología del tango. Los protagonistas* (Ediciones Olavarría. Segunda edición, 1991).

Castro, Donald, "Carlos Gardel and the Argentine Tango. The Lyric of Social Irresponsability and Male Inadequacy". Washabaugh, William, ed. *The Passion of Music and Dance. Body, Gender and Sexuality* (Oxford, New York: Berg, 1998): 63-78.

—., "Women in the World of the Tango. *Confronting Change, Challenging Tradition. Women in Latin American History,* Yeager, Gertrude M. ed. (Wilmington, Delaware: Jaguar Books, 1994): 66-76.

Del Priore, Oscar, *El tango, de Villoldo a Piazolla y después* (Buenos Aires: Manantial, 1999).

Dos Santos, Elena, "El canto. Mujeres en el tango". *Tango. Magia y realidad. 20 miradas sobre una aventura que no cesa* (Buenos Aires: Corregidor, 1998): 241-277.

—., *Damas y milongueras del tango* (Buenos Aires: Corregidor, 2001).

Grandes, Almudena, *Malena es un nombre de tango* (Barcelona: Tusquets Editores, 1991).

Matamoro, Blas, *Historia del tango* (Buenos Aires: CEAL, 1971).

Sabraña, Luis y Sebastián, Ana, *Tango. Una historia* (Buenos Aires: Corregidor. Segunda edición, 2000).

Salessi, Jorge, "The Nacional Appropriation of a Gay Tango". *Everynight Life: Culture and Dance in Latin/o America,* Fraser Delgado Celeste y Muñoz José Esteban, eds. (Durham: Duke University Press, 1997): 141-174.

Savigliano, Marta E., *Tango and the Political Economy of Passion* (Boulder: Westview Press, 1995).

Ulla, Noemí, *Tango, rebelión y nostalgia* (Buenos Aires: Jorge Álvarez, 1967).

Zavala, Iris M., *Bolero. Historia de un amor* (Madrid: Celeste, 2000).

CPSIA information can be obtained
at www.ICGtesting.com
Printed in the USA
LVHW091523090821
694908LV00005B/135

9 780915 745852